AT THE STONE OF LOSSES

JEWISH POETRY SERIES
Allen Mandelbaum / *Yehuda Amichai* GENERAL EDITORS

Pamela White Hadas
IN LIGHT OF GENESIS

Moyshe-Leyb Halpern
IN NEW YORK: A SELECTION

Else Lasker-Schüler
HEBREW BALLADS AND OTHER POEMS

Dan Pagis
POINTS OF DEPARTURE

Avoth Yeshurun
THE SYRIAN-AFRICAN RIFT AND OTHER POEMS

T. Carmi

AT THE STONE OF LOSSES

Translated and with an introduction by GRACE SCHULMAN

The Jewish Publication Society of America · Philadelphia

The University of California Press · Berkeley · Los Angeles · London

5743 / 1983

JEWISH POETRY SERIES

First edition
Manufactured in the United States of America

Most of the poems in this book are from T. Carmi's most recent collection, *Leyad Even Hato'im* ("At the Stone of Losses," copyright © 1981 by Dvir). Some of them are from earlier collections, *El Erets Aḥeret* ("Into Another Land," copyright © 1977 by Dvir), *Hitnatslut Hameḥaber* ("Author's Apology," copyright © 1974 by Dvir), and *Davar Aḥer* ("Selected Poems 1951–1969," copyright © 1970 by Am Oved). The Hebrew poems are reproduced by the courtesy of the author and the publishers.

Some of the English translations have been published for the first time in the following magazines:

Argo: "At All Times," "My Beloved Is Mine and I Am His," "That Night."

Ariel: "Purah, the Lord of Oblivion, Pleads for His Life."

Forthcoming: "Diary Entry," "Independence Garden," "This Is Your Captain."

Grand Street: "Its Return," "Lemuel's Words."

The Jerusalem Quarterly: "I Say 'Love.'"

The Kenyon Review: "At the Stone of Losses."

The Literary Review: "The Almond Tree," "Credo," "From This Day On," "Military Funeral at High Noon," "She Sleeps."

Modern Poetry in Translation: "Letter to a Customs Officer," "Lullaby," "Platform No. 8," "Song of Friendship," "Song of Thanks," "Vigils."

The Nation: "Story," "Inventory."

Ontario Review: "Experiment," "In the Air."

Pequod: "Judgment," "Miracles," "This Sunset."

Present Tense: "Adam Explains His Silence," "All My Life," "Eve Knew."

Library of Congress Cataloging in Publication Data
Carmi, T., 1925–
At the stone of losses.
(Jewish poetry series)
English and Hebrew.
I. Schulman, Grace. II. Title. III. Series.
PJ5054.C35A27 1983 892.4'.16 82–17926
Jewish Publication Society ISBN 0–8276–0218–9
ISBN 0–8276–0219–7 (pbk.)
University of California Press ISBN 0–520–05106–8
ISBN 0–520–05107–6 (pbk.)

Designed by Adrianne Onderdonk Dudden

Acknowledgments

In selecting and translating the poems of this volume, I collaborated with the author, T. Carmi. I am indebted to him for his notes and glosses, his valuable comments, his patience, and his constant encouragement.

I want to thank the Poetry Society of America for awarding me the Witter Bynner Grant-in-Aid, which helped me complete this manuscript. Also, I am grateful for fellowships to Yaddo and to the MacDowell Colony, where much of this work was done.

Grace Schulman

לוח השירים

Contents

Introduction

GRACE SCHULMAN

T. Carmi is a poet whose vision is at once historical and miraculous. He has, like others of his time and place, an acute awareness of human suffering, and he recognizes the absurdity of individual lives in the context of social and political events. At the same time, his focus is intensely personal, and in many ways close to the surrealist mode of pursuing the marvelous in everyday life by discovering and using strange images close to subconscious thought.

Carmi has an international background and has absorbed French and English, as well as Hebrew literary traditions. He was born in New York City, in 1925, into a family that spoke only Hebrew at home. When he began composing poetry in his early years, he had the bilingual aptitude of one whose first language—his writing language—was Hebrew, and his second the English of city streets. Carmi was graduated from Yeshiva University and began working toward an M.A. at Columbia University before leaving for Paris in 1946, where many of the major surrealists, including Breton and Eluard, lived and wrote. After a year in Paris, he emigrated to Israel, where he served in the Defense Forces and fought in the War of Liberation.

In Israel, the poet's utterance became at once literary and directly contemporary; he expressed formal ideas in language he heard in parks and cafés, from bartenders and taxicab drivers. He was familiar not only with biblical and midrashic tradition, but with the full range of Hebrew poetry. As editor of *The Penguin Book of Hebrew Verse*, Carmi read those texts for years to represent, in the anthology, an uninterrupted tradition in Hebrew poetry from biblical times to the present. With his knowledge of Hebrew poetry, there was, in fact, no need to go to English literature for medieval and Renaissance forms: the sonnet, for example, was written in Hebrew at least two centuries before it was used in English; terza rima and ottava rima were rhyme schemes common to Renaissance Hebrew writing. As for surrealist imagery, the poems of Yannai, for example, of the sixth century, predict the igneous, clarifying vision of twentieth-century surrealist poetry.

Throughout Carmi's poetry, there is a startling fusion of tradition and modern speech. The title poem, for example, "At the Stone of Losses," begins:

I search
for what I have not lost.

For you, of course.

I would stop
if I knew how.

I would stand
at the Stone of Losses
and proclaim,
shouting:

Forgive me.
I've troubled you for nothing.
All the identifying marks I gave you
(a white forehead,
a three-syllable name,
a neck and a scar,
color and height)
were never mine.

The poem refers to a real stone of losses *(even hato'im)* in Jerusalem, a kind of "lost-and-found" connected with the return of lost property during the Second Temple period, as mentioned in the Talmud. The language is reminiscent of Pascal's *Pensées* ("Console toi; tu ne me chercherais pas, si tu ne m'avais pas trouvé"), and, incidentally, of a talmudic passage about an old man searching for his youth. At the same time, the language is characterized by a bareness of utterance and a kind of hysterical calm that is in keeping with the central situation of the poem: that of a lost modern man searching for wholeness in the other. He exclaims:

I swear by my life,
by this stone in the heart of Jerusalem,
I won't do it again.
I take it all back.

Be kind to me;
I didn't mean to mock you.
I know there are people here
—wretched, ill-fated—
who have lost their worlds
in moments of truth.

The speaker vows to stop the quest and, at the climax of the poem ("moments of truth"), has an astonishing insight about the loss of illusion. Still, he is compelled to continue; his search for completeness is circular and never-ending:

And I search
for what I have not lost,
for that—that
name, neck, scar,
and forehead white as stone.

The passion for the search and, by extension, the very passion for language, recalls the evolution of the Spanish word *querer*, which comes from the Latin *quaerere* ("to search," "to inquire"), but which came to mean "to desire," "to love." *Querer* means a passionate, amorous quest, the search at the center of the title poem—and of the poetry of T. Carmi.

One of the most striking characteristics of his poetry is the unexpected transposition of sacred images and religious ideas into erotic experience. In the sequence, "I Say 'Love,'" for example, the opening lines are:

You untie the vows
within me.

You erase my handwriting
from the old drafts.

They are, of course, a portrayal of a modern love scene, and are spoken by a man to his woman. At the same time, they are a transmutation of the Kol Nidre prayer for the Eve of the Day of Atonement ("Let our personal vows, pledges, and oaths, be considered neither vows nor pledges nor oaths . . .").

A marvelous instance of this transposition from sacred to erotic occurs in "Song of Thanks." In it, the man who praises life and beauty above all things offers "sacrifices" not to God but to a woman, seeing her name "in white fire on a black sky," which, apart from being a radiant, enraptured image the surrealists would have coveted, is an allusion to a talmudic legend that the Ten Commandments were inscribed in "white fire on black fire." The poet exclaims:

> But my thanks will not release me.
> I turn my body into a chariot;
> the trees of the fields answer amen.
>
> I know that I risk my life.
> The sun is a treasurehouse of electrum;
> the moon is contaminated by the sun;
> the sea is infected by the moon;
> and I touch you unendingly,
> barefoot, in the many waters.

The passage has its impact in its exaltation of desire by the liberating effects of the strange leaps and associations in the speaker's mind, freed from the control of reason. Although that impact is felt without reference to sources, it is, nevertheless, interesting to consider them, for they are the life-energy of the imagery. The "chariot" image is derived from an old prayer-book formula: "I am prepared to make my body into a chariot for the glory of God." The "treasurehouse of electrum" contains the word, first found in Ezekiel (1:4) and translated as "beryl" and "amber," that is the ordinary word for electricity today. And throughout the passage, the sacrifice of thanks, which was a common ritual offered in the Jerusalem Temple, is transformed into a passionate song of praise to an erotic union and to language. The source material is transmuted in such a way as to redefine that passion, presenting it as a form of discovery.

Carmi's knowledge of the sacred, and of Hebrew literature and legend, affords images that are used as agents of transmutation, enabling him to focus on a divided world and see the wonder in daily life. Even in his poems of historical awareness, he is concerned with people not as nameless victims (as in some of the poems of Cavafy and Milosz), not as ennobled human beings, but as ordinary men and women turning slightly away from the tragedy of public events. In "Model Lesson," a teacher is cynically aware of the tragic implications of the lecture he is teaching about Biafra, even as he rebounds from the tragedy; in "Diary Entry," an urban resident goes about his daily chores—a copy center, a tailor, an accountant—just as the guns are firing in Lebanon; in his ambitious poem, "Author's Apology," a soldier sitting in a room below ground level experiences the outside world only "through the eyes of men coming down or going up," as though they were angels on a Jacob's Ladder.

In all of his poems, Carmi envisions two worlds. These may be, for example, the world of the immediate present and the luminous world beyond it; or the world of transfiguring passion and the "deaf ear" turned "to the rush of dying wings." In an early poem, "Story," the two worlds are of metaphor and experience:

When the woman in the fishing village told me
of her husband who had disappeared
and of the sea that returns and dies
at her doorstep every evening
I was silent.
I couldn't say to the shells of her eyes
your love will return
or the sea will live again.

(There are days when I cannot
find one word
to tell you.)

It is one of Carmi's most compelling techniques, in the later poems as well, to present one world as metaphor for the other, with all of the mysteries of an unfragmented life suggested by the terms of the metaphor. In "Story," for example, those terms are "the sea that returns and dies," and "your love will return / or the sea will live again."

Seeing a world that is divided by time and by the notions of being and becoming, Carmi focuses his gaze on ordinary things in the struggle to redeem a broken universe: his agents of transmutation are, variously, "white fire on a black sky" or "a fire that roars / without wood or ash." His hallucinatory clarity calls back the surrealists, as do many of his images of flaming visionary change, despite their origin in midrashic sources. However, while the surrealists unified a divided world, often using fiery images of transformation to illuminate contradictions and make them whole, Carmi's opposites are never reconciled. His poetry is a quest for a day that is alive, that does not end in death.

ו   לְיַד אֶבֶן הַטּוֹעִים

1 AT THE STONE OF LOSSES

שִׁיר תּוֹדָה

אִם אֵין בְּיוֹם גָּלוּת לְאֵל קָרְבָּן – הֲלֹא
עוֹלוֹת וְקָרְבָּנוֹת לְזֹאת אֶזְבְּחָה.
שלמה אבן־גבירול

הַתּוֹדָה אֵינָהּ מַרְפָּה מִמֶּנִּי.
אֲנִי יוֹדֵעַ שֶׁאֲנִי מִתְחַיֵּב בְּנַפְשִׁי.
אֲנִי מֵבִין בְּכָךְ.

סִדְרֵי־בְּרֵאשִׁית לֹא יִשְׁתַּנּוּ
גַּם אִם אֶרְאֶה אֶת שְׁמֵךְ
בָּרֶשֶׁף הַלָּבָן עַל גַּבֵּי רָקִיעַ שָׁחֹר,
בַּשֶּׁמֶשׁ שֶׁאֵינָהּ שׁוֹקַעַת,
בַּיָּרֵחַ שֶׁאֵינֶנּוּ חָסֵר.

אֲבָל הַתּוֹדָה אֵינָהּ מַרְפָּה מִמֶּנִּי.
אֲנִי עוֹשֶׂה אֶת גּוּפִי מֶרְכָּבָה.
עֲצֵי־הַשָּׂדֶה עוֹנִים אָמֵן.

אֲנִי יוֹדֵעַ שֶׁאֲנִי מִתְחַיֵּב בְּנַפְשִׁי.
הַשֶּׁמֶשׁ הִיא אוֹצְרוֹת חַשְׁמַל;
הַיָּרֵחַ נָגוּעַ בְּשֶׁמֶשׁ;
הַיָּם נָגוּעַ בְּיָרֵחַ;
וַאֲנִי נוֹגֵעַ בָּךְ בְּלִי הֶרֶף,
יָחֵף, בַּמַּיִם הָרַבִּים.

אֲבָל הַתּוֹדָה אֵינָהּ מַרְפָּה מִמֶּנִּי.
עַל כָּל גִּבְעָה רָמָה, בְּמַעֲבֵה הַיַּעַר,
בַּבַּר, בַּקָּפֶה, תַּחַת מִגְדַּל הַפִּקּוּחַ,
בְּתָא־הַטֶּלֶפוֹן הַשָּׁקוּף –
אֲנִי מֵבִיא לָךְ קָרְבָּנוֹת

וּמִתְחַיֵּב בְּנַפְשִׁי. אֲנִי יוֹדֵעַ.
אֲבָל בַּיּוֹם שֶׁלֹּא אוּכַל לָתֵת תּוֹדָה –
לֹא אֵדַע לְבַקֵּשׁ, לֹא אֵדַע לְקַבֵּל,
לֹא אֵדַע אֶת נַפְשִׁי.
אֲנִי מֵבִין בְּכָךְ.

Song of Thanks

In time of exile no sacrifices can be offered to God; therefore I shall slaughter whole offerings to this woman.

Solomon ibn Gabirol

My thanks will not release me.
I know that I risk my life.
I understand such things.

The laws of nature will not change
even if I see your name
in white fire on black sky,
in the sun that never sets,
in the moon that never wanes.

But my thanks will not release me.
I turn my body into a chariot;
the trees of the fields answer amen.

I know that I risk my life.
The sun is a treasurehouse of electrum;
the moon is contaminated by the sun;
the sea is infected by the moon;
and I touch you unendingly,
barefoot, in the many waters.

But my thanks will not release me.
On every mountain, in the thick of the forest,
in the café, under the control tower,
in the transparent telephone booth—
I bring you offerings

and risk my life. I know.
But on the day that I cannot give thanks
I will not know how to ask, to receive;
I will not know my soul.
I understand such things.

כְּהֶרֶף־עַיִן

יֵשׁ דְּבָרִים שֶׁהֵם מוּבָנִים מֵאֲלֵיהֶם:
לְאַחַר הַבָּרָק בָּא הָרַעַם;
לְאַחַר הָרַעַם בָּא הַבָּרָק;
עֵת לִזְכֹּר, וְעֵת לְהִזָּכֵר;
עֵת לִשְׁכֹּחַ, וְעֵת לְהִשָּׁכַח;
הַיּוֹרֶה, הַיּוֹרֶה תָּמִיד מַפְתִּיעַ;
רַק כַּעֲבֹר זְמַן מִתְבָּרֵר שֶׁהָיָה זֶה הַמַּלְקוֹשׁ;
אָסוּר לְהִסְתַּכֵּל עַיִן־בְּעַיִן בַּשֶּׁמֶשׁ הַנְּגוּעָה;
עֵת לִרְאוֹת, וְעֵת לְהֵרָאוֹת;
כֵּן, כְּהֶרֶף־עַיִן הִיא הוֹפֶכֶת
מֵ'אִשְׁתּוֹ' לְ'אַלְמְנָתוֹ'.

יֵשׁ דְּבָרִים שֶׁהֵם מוּבָנִים מֵאֲלֵיהֶם
כָּרַעַם, כַּבָּרָק.

סִפּוּר

כְּשֶׁהָאִשָּׁה בִּכְפַר־הַדַּיָּגִים סִפְּרָה לִי
עַל בַּעְלָהּ שֶׁנֶּעֱלַם
וְעַל הַיָּם שֶׁחוֹזֵר־וָמֵת לְפִתְחָהּ עֶרֶב־עֶרֶב,
הֶחֱרַשְׁתִּי.
לֹא יָכֹלְתִּי לוֹמַר לְצִדְפֵּי־עֵינֶיהָ
אֲהוּבֵךְ יַחֲזֹר, אוֹ
הַיָּם יָשׁוּב־יִחְיֶה.

(יֵשׁ יָמִים שֶׁאֵינִי מוֹצֵא בָּהֶם לוֹמַר לָךְ
אֲפִלּוּ מִלָּה אַחַת.)

In a Flash

Some things are self-evident:
after lightning comes thunder;
after thunder, lightning;
there is a time to remember and a time to recall;
a time to forget and a time to be forgotten;
the first rain always surprises;
only later will you know you have heard the last rain;
it is dangerous to look eye-to-eye at the eclipsed sun;
there is a time to see and a time to be seen.
In a flash the woman goes from "wife" to "widow."

Some things are self-evident:
lightning, thunder.

Story

When the woman in the fishing village told me
of her husband who had disappeared
and of the sea that returns and dies
at her doorstep every evening
I was silent.
I couldn't say to the shells of her eyes
your love will return
or the sea will live again.

(There are days when I cannot
find one word
to tell you.)

אָדָם מַסְבִּיר אֶת פֵּשֶׁר שְׁתִיקָתוֹ

אֶת גּוּפֵךְ שָׁמַעְתִּי
עוֹד לִפְנֵי שֶׁאָמַרְתְּ אֶת שְׁמֵךְ.
קָשֶׁה הָיָה לְדַבֵּר.
רַעַשׁ הַבְּרִיאָה הָיָה מַחֲרִישׁ אָזְנַיִם:
מַיִם זֵידוֹנִים, שֶׁלֹּא אָבוּ
לְהִקָּרַע; יָרֵחַ מוּל חַמָּה
בְּחֵמָה שְׁפוּכָה; כְּנָפַיִם חֲדָשׁוֹת
מְפַרְכְּסוֹת בְּרוּחַ בַּת־בְּלִי־שֵׁם.
קָשֶׁה הָיָה לְדַבֵּר:
הַמַּעֲמַקִּים קָרְאוּ; עֲצֵי־הַסְּרָק
הֵטִיחוּ קוֹל־קְנָאוֹת; רַעַם בֶּן־יוֹמוֹ
דָּלַק אַחֲרֵי בָּרָק; הַיָּם נִדְהַם
שֶׁלִּוְיָתָן פּוֹעֵם בּוֹ כְּמוֹ לֵב גָּדוֹל.

וְאָז, בְּהִתְהַפֵּךְ עָלֵינוּ הַגַּלְגַּל,
בְּהִתְלַהֵט הַחֶרֶב הַשּׁוֹסֶפֶת,
כְּבָר לֹא הָיוּ מִלִּים בְּפִי,
כָּל כָּךְ הֻרְגַּלְתִּי לַשָּׁאוֹן
שֶׁל מַעֲשֵׂי־בְּרֵאשִׁית. הֲרֵי אַתְּ
מְבִינָה: אֶת גּוּפֵךְ שָׁמַעְתִּי
עוֹד לִפְנֵי שֶׁאָמַרְתְּ אֶת שְׁמֵךְ,
וְהוּא עוֹדֶנּוּ מִתְהַלֵּךְ אֵי־שָׁם, בַּגַּן.

Adam Explains His Silence

I heard your body
even before you said your name.
It was hard to talk.
Creation was deafening:
stormy waters unwilling
to be ripped apart;
the moon facing the sun
with wrath; new wings
convulsing in a nameless wind.
It was hard to talk:
the depths cried out;
fruitless trees
shook with rancor;
newborn thunder
chased lightning.
The sea was astounded:
a leviathan beat
like a giant heart.

And then, when our luck turned,
when the sword flamed,
I was speechless,
so accustomed was I
to loud primeval acts.
You do understand:
I heard your body
even before you said your name,
and it is there still,
walking in the garden.

חַוָּה יָדְעָה

חַוָּה יָדְעָה מַה טָּמוּן בַּתַּפּוּחַ.
הִיא לֹא נוֹלְדָה אֶתְמוֹל.
מִבֵּין צַלְעוֹתָיו שֶׁל אָדָם
הִיא הִשְׁגִּיחָה בְּמַעֲשֵׂי בְּרֵאשִׁית,
הִקְשִׁיבָה לְרַחַשׁ דְּשָׁאִים וּשְׁרָצִים.

חַוָּה יָדְעָה מַה טָּמוּן בַּתַּפּוּחַ.
הַמַּיִם זָעֲמוּ, הַלְּבָנָה הִשְׁחִירָה,
הָאוֹתִיּוֹת זָקְפוּ אֶת קוֹצֵיהֶן,
חַיְתוֹ־שָׂדֶה טָרְפוּ אֶת הַשֵּׁמוֹת,
וְהַקּוֹל אָמַר: כִּי טוֹב.

חַוָּה יָדְעָה מַה טָּמוּן בַּתַּפּוּחַ.
כִּי טוֹב, כִּי טוֹב, וְשׁוּב כִּי טוֹב,
זִרְמָה שֶׁל עֲדָנִים,
גַּן לְדֻגְמָה, מַשְׁקֶה, רָווּי,
אֵם לְמוֹפֵת, אַשְׁרֵי כָּל חַי.

חַוָּה יָדְעָה מַה טָּמוּן בַּתַּפּוּחַ.
לְאוֹר הַיּוֹם וּבְדֵעָה צְלוּלָה,
גּוּפָהּ הָעֵירֹם מַכְהֶה אוֹר חַמָּה,
הִיא קָרְאָה דְּרוֹר לַתּוֹלַעַת הַגְּדוֹלָה
שֶׁתְּכַרְסֵם אֶת שָׁרְשֵׁי הָעֵצִים.

הַסּוֹף הָיָה טוֹב.
אָדָם, זֵעָתוֹ נִגֶּרֶת כְּנָהָר,
הוֹדָה בְּפָנֶיהָ לְאוֹר הַחֶרֶב
כִּי לֹא נוֹתְרוּ בּוֹ שֵׁמוֹת,
כִּי כֹּחוֹתָיו כָּלוּ מֵרֹב טוֹבָה,

כִּי טוֹב.

Eve Knew

Eve knew what was hidden in the apple.
She wasn't born yesterday.
From between Adam's ribs
she observed the order of creation,
listening to the grasses and crawling things.

Eve knew what was hidden in the apple.
The waters raged, the moon grew black,
the letters brandished their thorns,
the beasts of the fields devoured their names
and the voice said: *It is good.*

Eve knew what was hidden in the apple.
It is good! It is good! And again: *It is good!*
A torrent of goodness:
a model garden, watered, sated,
an exemplary mother. Happy are all living things!

Eve knew what was hidden in the apple.
In the light of day, and with a clear mind,
her naked body darkening the sun,
she released the Big Worm
to gnaw at the roots of trees.

Happy ending:
Adam, his sweat flowing like a river,
confessed by the light of the sword
that he was out of names, that the good
had exhausted his strength

and that it is good.

כָּאן הַקַּבַּרְנִיט

כָּאן הַקַּבַּרְנִיט.
אֲנַחְנוּ טָסִים בְּגֹבַהּ רַב מְאֹד.
בַּמְּרוֹמִים הָאֵלֶּה
אֵין שַׁחַר לְאַקְלִים וּזְמָן.
אֲנַחְנוּ גּוֹנְבִים אֶת הַגְּבוּלוֹת.
מִיָּמִין – הַיָּם הַשָּׁחֹר.
מִשְּׂמֹאל – הַיָּם הָאָדֹם.

אַתֶּם רַשָּׁאִים לְעַשֵּׁן
וּלְהִתְפָּרֵקד.
שְׁעוֹן הַקַּיִץ מְצֹעָף שְׁלָגִים.
שְׁעוֹן הַחֹרֶף פּוֹרֵחַ כְּשָׁקֵד.
שְׁעוֹן הַחוֹל מוֹנֶה אֶת הַגַּלִּים.
שְׁעוֹן הַצֵּל מֵאִיר פָּנִים לַסַּהַר.

הַצֶּוֶת הַנֶּאֱמָן עוֹמֵד לִרְשׁוּתְכֶם.
מֵעֲלֵיכֶם – מַסֵּכוֹת הַחַמְצָן.
בַּמְּרוֹמִים הָאֵלֶּה
כָּל הֲבָרָה נִשְׁמֶרֶת לְעֵדוּת.
יִנְעַם לָכֶם.
גַּם הַשְּׁתִיקוֹת שֶׁלָּכֶם נֶאֱצָרוֹת
בַּקֻּפְסָה הַשְּׁחֹרָה.

שַׁעֲרֵי שָׁמַיִם, בְּלוּלֵי אֵשׁ וָמַיִם.
מִיָּמִין – הַתִּקְוָה הַטּוֹבָה.
מִשְּׂמֹאל – יָם הַשַּׁלְוָה.
הַכְּאֵב הַחַד בָּאָזְנַיִם יַחֲלֹף.
הָרַעַשׁ שֶׁאַתֶּם שׁוֹמְעִים
אֵינֶנּוּ צְעָקָה שֶׁל אֶרְאֶלִּים;
הוֹרַדְנוּ אֶת הַגַּלְגַּלִּים.

נָא לְהַדֵּק אֶת הַחֲגוֹרוֹת.
מָה עוֹד אַסְפִּיק לוֹמַר לָכֶם
לִפְנֵי שֶׁיִּפְרֹץ הַגֵּץ הָרִאשׁוֹן
מִן הַמַּסְלוּל הֶהָלוּם?
תּוֹדָה, וּלְהִתְרָאוֹת.
יָצָאנוּ בְּשָׁלוֹם וְהִגַּעְנוּ בְּשָׁלוֹם.
כָּל הַשְּׁעוֹנִים בִּנְמַל הַתְּעוּפָה,
מַכָּרִים וָתִיקִים, מְצַפִּים לָכֶם.

This Is Your Captain

This is your Captain.
We have reached cruising altitude.
At such heights
climate and time are meaningless.
We steal across fading boundaries.
On your right, the Black Sea.
On your left, the Red Sea.

You may smoke
and lean back.
Daylight time shines with stars.
Mountain time flows into valleys.
The hourglass counts the waves.
The sundial glows in the moon.

The crew is here to serve you.
Oxygen masks are in overhead locations.
At these heights
every syllable is recorded.
Have a good flight.
Even your silences are stored
in the black box.

Heaven's gates are fire and water.
On your right, the Cape of Good Hope.
On your left, the Sea of Tranquillity.
The earache will pass.
The noise you hear
is not the shriek of angels.
We've lowered the wheels.

Please fasten your seat belts.
What else can I say
before the first sparks rise
from the battered runway?
Thank you. Join us again.
We left in peace and arrived safely.
The airport clocks—
your old friends—
wait for you.

פְּרָטִים

שְׁתִיקַת הַסֻּלָּם הַשָּׁעוּן אֶל הַקִּיר.
אִוְשָׁה נוֹאֶשֶׁת שֶׁל זַלְזַל חָרְפִּי.
עָגְמַת הַיָּרֵחַ הַמִּתְמַעֵט.
צַעֲקַת הַיֶּלֶד הַיָּשֵׁן
בְּלָשׁוֹן שֶׁעוֹד לֹא הֻמְצְאָה.
מִצְמוּץ עֵינֵי הַטַּיָּס.
טִפַּת הַזֵּעָה הַנּוֹשֶׁרֶת
מִמִּצְחוֹ שֶׁל שָׂרָף מְבֹהָל וָשָׁר.

הַשְּׁקֵדִיָּה

עַד אֹפֶל־שָׁרָשֶׁיהָ,
עַד שַׁחַר הֲמוּם פִּרְיִ־בְּסָרִים –
הַשְּׁקֵדִיָּה נָשְׁמָה לֵיל־גְּשָׁמִים.
עַתָּה יְלָדִים שׁוֹלְחִים יְדֵי־בְּלְמוּס
אֶל פִּרְיָהּ הַפִּתְאֹמִי
וּמְכַלִּים אֶת אֲבִיבָהּ.

Inventory

The silence of a ladder leaning against a wall;
the hopeless whisper of a winter branch;
the sadness of the waning moon;
the cry of a sleeping child
in an undiscovered language;
the squint of a pilot's eyes;
the drop of sweat that falls
from the forehead
of a seraph who praises, terrified.

The Almond Tree

Down to the darkness of its roots
and a dawn stunned by unripe fruit,
the almond tree breathed a night of rain.
Now children reach out
frenzied hands
to the sudden flesh,
destroying its spring.

לְיַד אֶבֶן הַטּוֹעִים

כל מי שאָבדה לו אֲבדה נפְנָה לְשָׁם, וכל מי שמוצא אבדה נפְנָה לשם, זה עומד ומכריז וזה עומד ונותן סימנין ונוטלָה. בבא מציעא כח:

אֶת אֲשֶׁר לֹא אָבַד לִי
אֲנִי מְחַפֵּשׂ.

אוֹתְךָ, כַּמּוּבָן.

אִלּוּ יָדַעְתִּי אֵיךְ –
הָיִיתִי מַפְסִיק.

הָיִיתִי נֶעֱמָד לְיַד אֶבֶן הַטּוֹעִים
וּמַכְרִיז בְּקוֹלֵי־קוֹלוֹת:

סִלְחוּ לִי.
הִטְרַחְתִּי אֶתְכֶם לַשָּׁוְא.
כָּל הַסִּימָנִים שֶׁנָּתַתִּי
(מֵצַח לָבָן, מַחֲרִישׁ,
וְשֵׁם בֶּן שָׁלשׁ הֲבָרוֹת,
וְצַוָּאר, וְצַלֶּקֶת, וְצֶבַע, וָגֹבַהּ)
מֵעוֹלָם לֹא הָיוּ בִּרְשׁוּתִי.

חֵי נַפְשִׁי,
חֵי הָאֶבֶן הַזֹּאת בְּלֵב עִיר שָׁלֵם,
אֲנִי חוֹזֵר בִּי מִדְּבָרַי,
אֲנִי לוֹקֵחַ אֶת כֻּלָּם בַּחֲזָרָה.

עֲשׂוּ עִמִּי חֶסֶד.
לֹא רָצִיתִי לְשַׁטּוֹת בָּכֶם.
אֲנִי יוֹדֵעַ שֶׁיֵּשׁ כָּאן
אֲנָשִׁים קְשֵׁי־יוֹם, מֻכֵּי־גוֹרָל,
שֶׁעוֹלָמָם אָבַד בְּרֶגַע שֶׁל אֱמֶת.

וַאֲנִי – אֶת אֲשֶׁר לֹא אָבַד לִי
אֲנִי מְחַפֵּשׂ.
אֶת אֲשֶׁר –
אֶת אֲשֶׁר –
שֵׁם, וְצַוָּאר, וְצַלֶּקֶת,
וּמֵצַח לָבָן כָּאֶבֶן.

At the Stone of Losses

There was a Stone of Losses in Jerusalem. Whoever found an object went there, and whoever lost one did the same. The finder stood and proclaimed, and the other called out the identifying marks and received it back.—Baba Metsia 28b

I search
for what I have not lost.

For you, of course.

I would stop
if I knew how.

I would stand
at the Stone of Losses
and proclaim,
shouting:

Forgive me.
I've troubled you for nothing.
All the identifying marks I gave you
(a white forehead,
a three-syllable name,
a neck and a scar,
color and height)
were never mine.

I swear by my life,
by this stone in the heart of Jerusalem,
I won't do it again.
I take it all back.

Be kind to me;
I didn't mean to mock you.
I know there are people here
—wretched, ill-fated—
who have lost their worlds
in moments of truth.

And I search
for what I have not lost,
for that—that
name, neck, scar,
and forehead white as stone.

II דְּבָרִים שֶׁבֵּינוֹ לְבֵינָהּ

II I SAY "LOVE"

דְּבָרִים שֶׁבֵּינוֹ לְבֵינָהּ

1

אַתְּ מַתִּירָה בִּי
אֶת כָּל הַנְּדָרִים, הָאֱסָרִים.

אַתְּ מוֹחֶקֶת אֶת כְּתַב־יָדִי
מִכָּל הַטְּיוּטוֹת הַיְשָׁנוֹת.

אַתְּ מְדַבֶּרֶת אֱמֶת.
אַתְּ מַזְכִּירָה לִי

כִּי כָּל הָאָדָם כּוֹזֵב
וְאֵין אֱמֶת כַּאֲמִתִּי כָּרֶגַע.

אַתְּ שׁוֹאֶלֶת אוֹתִי:
כַּמָּה זְמַן נִמְשָׁךְ רֶגַע?

הַאִם אַתָּה זוֹכֵר
אֶת כָּל הַשְּׁעוֹנִים שֶׁהָיוּ לְךָ?

מָה הַשָּׁעָה עַכְשָׁו?
הַאִם אַתָּה קוֹנֶה אוֹ מְאַבֵּד?

אַתְּ מְדַבֶּרֶת מִגְּרוֹנִי.
אַתְּ מַחֲזִיקָה בִּגְרוֹנִי

בְּיָד רַכָּה כָּרוּחַ.
הוֹ, הַיָּד הַזֹּאת

הַמְּלַבָּה אוֹתִי כְּאֵשׁ
שֶׁאֵין בָּהּ עֵץ וְאֵין בָּהּ אֵפֶר.

כָּל הַקָּרֵב יָמוּת.
מֵעוֹלָם לֹא הָיִיתִי

כֹּה קָרוֹב לְעַצְמִי.

I Say "Love"

1

You untie the vows
within me.

You erase my handwriting
from the old drafts.

You speak true, reminding me
that all men lie,

that there is no truth
like mine now.

You ask me:
How long does a minute last?

Do you remember
all the clocks you've ever had?

What time is it now?
Is that fast or slow?

You speak from my throat.
You hold my throat

with a hand of wind.
Oh, this hand

that fans me, a fire that roars
without wood or ash.

To come close is to die.
I have never been

so close to myself.

2

הַתַּאֲוָה הַזֹּאת, לוֹמַר
אֲנִי אוֹהֵב אוֹתָךְ

לִרְאוֹת אֶת הַקְּמָטִים
צוֹלְלִים בְּמִצְחֵךְ

לִשְׁמֹעַ אֶת גּוּפִי
מַחֲרִישׁ בְּקִרְבֵּךְ

הַפַּחַד הַזֶּה, לוֹמַר
אֲנִי אוֹהֵב אוֹתָךְ

שֶׁמָּא יִשְׁמַע הַלַּיְלָה
קוֹל שֶׁאֵין לוֹ הֵד

שֶׁמָּא תֹּאמַר מַרְאָה
אַיֵּה פָּנַיִךְ?

הַתַּאֲוָה הַזֹּאת
הַפַּחַד הַזֶּה

לוֹמַר הַיָּם שָׁקוּף
וְהוּא שֶׁלָּךְ

שֶׁמָּא יֶחֱרַב לְעֵינַי
וְהוּא שֶׁלִּי.

3

זִכְרוֹנִי הוֹלֵךְ וְנֶחֱלָשׁ.
עַכְשָׁו אֲנִי תָלוּי בַּזִּכָּרוֹן שֶׁלָּךְ.

אִם אַתְּ אֵינֵךְ זוֹכֶרֶת –

מָה אָמַרְתִּי לָךְ
כְּשֶׁהַקַּו שֶׁלָּךְ הָיָה תָפוּשׂ

2

This need to say
I love you,

to see the furrows
vanish from your forehead,

to hear my body
in you, silent,

this fear of saying
I love you,

and let the night hear
a voice without echo,

a mirror ask where is your face,
this need, this fear

of saying the sea is transparent,
and it is yours

if it goes dry before my eyes
and it is mine.

3

My memory is failing.
Now I depend on your memory.

If you don't remember:

what I told you
when your line was busy,

וְאֵיךְ לִמַּדְתִּי אֶת מִכְתָּבַי
לַחְתֹּם בִּשְׁמֵךְ

וּמַה קּוֹרְאִים לַלַּיְלָה
שֶׁאֵין לוֹ יוֹם וְהוּא לֹא לַיְלָה

וְאֵיךְ גָּדְלוּ הָאוֹתִיּוֹת
עַד כִּי פָּשְׁטוּ צוּרָה

וּמַהוּ צְלִיל קוֹלִי
כְּשֶׁאַתְּ מַטָּה לוֹ אֹזֶן

וְאֵיךְ כָּל שְׁאֵלָה שֶׁלָּךְ
נִהְיֵית בִּי לְסִימָן

וּמַהוּ הַנּוֹדֵד בְּתוֹךְ שְׁנָתִי
וְאֵיךְ עֵינַי פְּקוּחוֹת

אֲבָל אֵינָן רוֹאוֹת דָּבָר
כִּי עֵינַיִךְ בְּעֵינַי

וְעֵינַי בְּעֵינַיִךְ
עַד כְּלוֹת כָּל הַמַּרְאוֹת –

אִם אַתְּ אֵינֵךְ זוֹכֶרֶת

אֵין לִי יָד, אֵין לִי שֵׁם,
אָבַד זִכְרִי.

4

אֲנִי מְפַחֵד תָּמִיד.

אֲנִי אוֹמֵר לָךְ
אֲהוּבָה

וּמְפַחֵד מִן הַיּוֹם
שֶׁבּוֹ שְׂפָתַי יָנוּעוּ

and how I taught my hand
to use your signature,

and a name for night
that has no day, and is not night,

and how the letters grew
until they lost their shape,

and the sound of my voice
when you hear it

and how your every question
marks me,

and what wanders in my sleep
and how my open eyes

see nothing,
because your eyes are in my eyes

and mine are in yours
until vision is gone,

if you don't remember

then I have no voice, no hand,
and no name.

4

I fear always.

I say "love"
and I fear the day

when my lips will move
and my voice will not be heard.

וְקוֹלִי לֹא יִשָּׁמַע.
אֲנִי אוֹמֵר לָךְ

אֲהוּבָה
וּמְפַחֵד מִן הַשָּׁעָה

שֶׁבָּהּ קוֹלִי לֹא יַכִּירֵנִי.
אֲנִי אוֹמֵר לָךְ

אֲהוּבָה
וּמְפַחֵד מִן הָרֶגַע

שֶׁבּוֹ אֲנִי אֹמַר
אַשְׁרֵי אָדָם מְפַחֵד תָּמִיד.

5

יָכֹלְתִּי לְהַצִּיל אֶת עַצְמִי
אִלּוּ רָצִיתִי.

יָכֹלְתִּי לֶאֱכֹל אֲרוּחַת־בֹּקֶר
וּלְהַרְעִיב אֶת שְׁמֵךְ.

לָשֶׁבֶת בְּקוֹנְצֶרְט
וְלֶאֱטֹם אֶת אָזְנַיִךְ.

וַדַּאי שֶׁיָּכֹלְתִּי.
שֶׁמֶשׁ, הָר וָיָם,

צְבָיִים עַל הָרֶכֶס
קְשׁוּבִים לַיָּרֵחַ,

רֵיחַ שֶׁל קָפֶה קָלוּי,
עֲרָפֶל שֶׁל שַׁחֲרִית –

מַה לָּהֶם וְלָךְ?
יָכֹלְתִּי לְהַצִּיל אֶת עַצְמִי

אִלְמָלֵא אָמַרְתִּי לָךְ:
הַצִּילִי.

I say "love"
and I fear the hour

when my voice will not know me.
I say "love"

and I fear the moment
when I say:

"Happy is the man who fears always."

5

I could have saved myself
had I wanted to.

I could have eaten breakfast
and starved your name,

sat in a concert hall
and stoppered your ears.

Of course I could.
Sun, mountain, and sea,

deer on the slope
listening to the moon,

the smell of roast coffee,
the mist at dawn:

what have they to do with you?
I could have saved myself

had I not asked you
to save me.

III מִשָּׁם וְאֵילָךְ

III FROM THIS DAY ON

בָּאֲוִיר

אֲנִי רוֹדֵף אַחֲרַיִךְ
כְּמוֹ מָטוֹס אַחֲרֵי צִלּוֹ.
רַק לְאַחַר הַנְּחִיתָה
נִהְיֶה שׁוּב לְאֶחָד.

לְמַלְאֲכֵי הַשָּׁרֵת
אָסוּר לִפְצֹחַ בְּשִׁיר
לִפְנֵי שֶׁעוֹלֶה הַקּוֹל
מֵאַרְצוֹת הַצֵּל.

עָבִים חוֹצְצִים.
כִּיסֵי אֲוִיר קָשִׁים.
אִבַּדְנוּ קֶשֶׁר
עַיִן וְאַלְחוּט.

בִּמְטוֹס־הַצְּלָלִים
נוֹקְטִים אֶמְצְעֵי־חֵרוּם.
מַסֵּכַת הַחַמְצָן
צוֹנַחַת מוּל פָּנַיִךְ.

נִשְׁמִי עָמֹק, עָמֹק.

In the Air

I follow you
as a plane chases its shadow.
Only after we land
can we be one again.

The ministering angels
are forbidden to sing
before voices rise
from shadow lands.

Cloud barriers.
Air pockets.
We've lost contact:
wireless, eyes.

In the shadow plane
they're taking emergency measures.
The oxygen mask
covers your face.

Breathe deep. Deep.

מִשָּׁם וְאֵילָךְ

הָאֲדָמָה כְּבָר הִשְׁתַּלְּטָה עָלַי.
בְּהֵחָלְצִי מִתְּחוּם הַדּוּמִיָּה שֶׁלָּךְ,
אֵשׁ מְקַבֶּלֶת אֶת פָּנַי בְּשִׁבְעִים לָשׁוֹן.
אֲנִי אוֹצֵר בְּיָדַי כַּמָּה דֻּגְמָאוֹת:
מַשָּׁב שֶׁל שֵׂעָר עַל מִצְחֵךְ,
הִלַּת כָּתֵף אֶל מוּל הָאָח,
הֶבֶל פִּיךְ עַל סַף שְׂפָתַי.
לֹא הַרְבֵּה.
אֲבָל עַכְשָׁו נְכוֹנוּ לִי
שָׁנִים שֶׁל מֶחְקָר וּפִעְנוּחַ.
לֹא בְּכָל יוֹם צוֹמְחוֹת לָאָדָם
כְּנָפַיִם שֶׁל אֵשׁ וָמַיִם.

מִכְתָּב לִקְצִין הַמֶּכֶס

קְצִין־מֶכֶס יָקָר,
אַתָּה זוֹכֵר, לִפְנֵי כַּחֲצִי שָׁנָה,
כַּאֲשֶׁר יָצָאתִי בַּשַּׁעַר
שֶׁאֵין בּוֹ חוֹבָה לְהַצְהִיר –
וּבְכֵן, זֶה לֹא הָיָה מַעֲשֵׂה־רְמִיָּה.
בֶּאֱמֶת לֹא הָיָה דָּבָר בְּכֵלַי.
אֲפִלּוּ כֵּלִים לֹא הָיוּ לִי.
אֲבָל הַיּוֹם גִּלִּיתִי בְּמַפְתִּיעַ
שֶׁמְּקַנֶּנֶת בִּי, מֵאָז,
סוֹכֶנֶת חֲרִישִׁית
עִם מַשְׁדֵּר רַב־עָצְמָה.

סְלַח־לִי עַל הַבְרָחַת הַגְּבוּל.
אֲנִי נוֹתֵן לְךָ אֶת דִּבְרָתִי
שֶׁלֹּא יָדַעְתִּי עַל קִיּוּמָהּ.
וְאִלּוּ רַק יָכֹלְתִּי
הָיִיתִי מַסְגִּיר אוֹתָהּ לְיָדֶיךָ מִיָּד,
חַיָּה אוֹ מֵתָה.

From This Day On

The earth has taken over.
When I break out of the zone of your silence,
fire greets me with seventy tongues.
I cherish several samples:
the wisp of hair on your forehead;
your shoulder's glow before the grate;
your breath at the edge of my lips.
That's all there is.
But now I anticipate
years of research and deciphering.
It's not every day that a man grows
wings of fire and water.

Letter to a Customs Officer

Dear Sir,
I'm sure you remember,
about half a year ago,
I went through the Nothing-to-Declare Gate.
Well, I didn't mean to trick you.
Really, there was nothing in my baggage.
In fact, I had no baggage.
But today I discovered
that a secret agent
with a high-power transmitter
has rutted in me for some time.

Forgive me for smuggling.
I give you my word:
I didn't know she existed.
And if I could,
I would hand her over immediately,
alive or dead.

אַשְׁמוּרוֹת

בָּאַשְׁמוּרָה הַתִּיכוֹנָה
הַנּוּרָה הַחֲשׂוּפָה מֵעַל רֹאשִׁי
הוֹפֶכֶת לְיָרֵחַ.
אֲנִי נִשְׁמָע כַּיָּם: נוֹשֵׁם מָלֵא,
נוֹשֵׁל, דּוֹמֵם,
וְשׁוּב עוֹלֶה, וְשׁוּב חָדֵל,
נִכְנָע לְמַחְזוֹרִים שֶׁל זַעַם וְחֶמְלָה,
לְנַחְשׁוֹלִים שֶׁל קֶצֶף
וּלְחִישַׁת חוֹלוֹת לַחִים.
שְׁחָפִים פּוֹרְחִים מִתּוֹךְ עֵינַי
לֶאֱרֹב לָךְ בְּפִנַּת הָרְחוֹב הָאָפֵל,
לְבַשֵּׂר לִי עַל בּוֹאֵךְ.

בָּאַשְׁמוּרָה הָאַחֲרוֹנָה
הַנּוּרָה הַחֲשׂוּפָה מֵעַל רֹאשִׁי
הוֹפֶכֶת לְנוּרָה.
תִּינוֹק, אֲנִי שׁוֹמֵעַ,
יוֹנֵק מִשְּׁדֵי אִמּוֹ.
אֲנִי נוֹעֵל אֶת אֲרֻבּוֹת עֵינַי.
אֲנִי אוֹטֵם אֶת אָזְנַי
לְמַשַּׁק הַכְּנָפַיִם הַכָּלוֹת.

Vigils

During the middle watch
the naked bulb above my head
becomes a moon.
Sea-like, I breathe deep,
plunge,
and rise and fall, again,
yielding to cycles
of rage and pity,
to surf
and to the whisper of wet dunes.
Gulls fly out of my eyes
to ambush you on a dark streetcorner
and herald your coming.

During the last watch
the naked bulb above my head
becomes a bulb.
I hear a baby
sucking at its mother's breast.
I lock my eyes' floodgates
and turn a deaf ear
to the rush of dying wings.

דִּבְרֵי פְּרֵדָה

תִּזְכֹּר

כִּי הָעוֹנוֹת שָׁם אֲחֵרוֹת,
אֲחֵרוֹת,
וְלֹא תִשְׁמַע גַּם אִם אֶשְׁאַל.

הֶפְרֵשׁ הַשָּׁעוֹת הוּא לְרָעָתִי.
תִּישַׁן, וַאֲנִי אִיקַץ,
תִּיקַץ, וַאֲנִי יְשֵׁנָה.
שְׁעוֹן־הַצֵּל הוּא חֲדַל־פָּנִים
בְּלִי אוֹר־שֶׁמֶשׁ.

לָכֵן אֲנִי אוֹמֶרֶת לְךָ,
עַל סַף הַמַּדְרֵגוֹת הַנָּעוֹת
(הִנֵּה אַתָּה עוֹלֶה, גָּדֵל, קָטֵן) –
תִּזְכֹּר

שֶׁאַתָּה

מְעֹרָב מִין בְּשֶׁאֵינוֹ מִינוֹ:
עָקֵב מְחֻדָּד בְּסַנְדָּל־אֵילַת,
עָגִיל מָזְהָב בְּאֹזֶן אֲטוּמָה,
עֵינַיִךְ־יוֹנִים בְּקֵן־שֶׁל־עוֹרֵב.

לִפְעָמִים אֵינְךָ זוֹכֵר
מִי אַתָּה, שֶׁאַתָּה.
שֵׁמוֹת אֲחֵרִים
נוֹדְדִים בִּשְׁנָתְךָ.
אַתָּה מְפַחֵד: מְשַׁנֵּן
אֶת הַשֵּׁם מֵאֲחוֹרֵי עֵינֶיךָ
לִפְנֵי שֶׁהוּא מְגַשֵּׁשׁ לָאוֹר.

לָכֵן אֲנִי אוֹמֶרֶת לְךָ,
עַל סַף הַשִּׁכְחָה,
שֶׁאַתָּה. שֶׁאֲנִי

הֲכִי

יָפָה, כָּרֶגַע,
כִּי כָּל הַמִּלִּים בְּעֵינַי,
לֹא בְּפִי הַיָּבֵשׁ.

Parting Words

REMEMBER
that your seasons will be different,
that you won't hear, even if I ask.

You will sleep and I will wake;
you will wake when I sleep.
The sundial is faceless at night.

That's why I say
at the foot of the escalator—
(now you will rise, grow, fade)—
remember

THAT YOU ARE
prone to confusion:
you join a sharp heel to a beach sandal,
a golden earring to an unpierced ear;
dove's eyes to raven hair.

Sometimes you don't remember
who you are, that you are.
Other names wander in your sleep.
You're afraid: you rehearse
the name behind your eyes
before it struggles into light.

That's why I say,
on the edge of forgetting,
that you are. That I am

THE MOST
beautiful woman at this moment
because the words are in my eyes,
not in my dry mouth.

הֲתִזְכֹּר שֶׁאַתָּה הָרוֹאֶה,
אַתָּה הַשּׁוֹמֵעַ?

שְׁנֵינוּ כְּבָר הָיִינוּ פֹּה.
הַמַּסְלוּלִים אֵינָם זָרִים.
מִגְדַּל־הַפִּקּוּחַ מֻכָּר.

לָכֵן אֲנִי אוֹמֶרֶת לְךָ,
בְּעוֹד הַמָּנוֹעַ דּוֹמֵם,
וּבְסִגְנוֹן הַיָּשָׁן כִּשְׁתִיקָתִי:
הֲכִי תִזְכֹּר,

אָהוּב
קָשֶׁה מִכֻּלָּן, חֲשׁוּדָה מִכֻּלָּן.
דּוֹרוֹן שֶׁהוּא שְׁטַר־חוֹב,
נֵצַח שֶׁיֵּשׁ לוֹ זְמַן־פֵּרָעוֹן.

הַאֲמֵן לִי:
אֵין לִי חֶשְׁבּוֹנוֹת הַרְבֵּה
אוֹ חֶשְׁבּוֹנוֹת מְעַט.
אֵינֶנִּי רוֹצָה לִהְיוֹת
גּוֹבָה, בַּעֲלַת־חוֹב, נוֹשָׁה, נְשׁוּיָה.

אֲנִי יוֹדַעַת:
אִם חוֹזְרִים עָלֶיהָ בְּלִי הֶרֶף
הִיא הוֹפֶכֶת לִנְבִיחָה חַדָּה.

אָהוּב. אָהוּב. אָהוּב.

לָכֵן אֲנִי אוֹמֶרֶת אוֹתָהּ,
לִפְנֵי הַדֶּלֶת הַנִּנְעֶלֶת,
פַּעַם אַחַת וִיחִידָה.

מִכֻּלָּם
מִי?
מָתַי? וְאֵיךְ?
זְכוּרִים? כָּמוֹנִי? אֲהוּבִים?

Will you remember that you are
the one who sees,
the one who hears?

We've both been here before.
The runways, the control tower
are familiar.

That's why I say,
while the engine is still,
in a style as old as my silence:
will you remember
that you are

LOVED:
hardest of all, most suspect of all,
a gift that is a bill,
an eternity that comes due.

Believe me:
I don't keep accounts.
I don't wish to be
a collector or a debtor.

I know:
Repeat it unendingly
and it becomes a sharp bark:

Loved. Loved. Loved.

That's why I say it
before the closing door
only once: the most loved

OF THEM ALL.
Who?
When? And how?
Remembered? As I am? Loved?

אַתָּה לֹא שָׁאַלְתָּ בְּמִלִּים,
רַק בִּלְשׁוֹנְךָ, בְּפִיךָ, בְּיָדֶיךָ.
וַאֲנִי עָנִיתִי.
לִפְעָמִים מְאֹד.

מִי שֶׁאֵינֶנּוּ עוֹנֶה
(כָּךְ אָמַרְתָּ בְּלִבְּךָ)
אֵין לוֹ זְכוּת לִשְׁאֹל בְּקוֹל.

לָכֵן אֲנִי אוֹמֶרֶת לְךָ,
בְּהִסְתּוֹבֵב הַדֶּלֶת עַל צִירָהּ,
עַל צִירַי:
הֱיֵה בָּרוּךְ בְּצֵאתְךָ, בְּבוֹאֲךָ,
כְּשֵׁם שֶׁהָיִינוּ לַיְלָה וְיוֹמָם,
מִכֻּלָּם.

הִיא יְשֵׁנָה

הִיא יְשֵׁנָה: אֲבָל יָדָהּ עֵרָה
יוֹתֵר מִכַּף־יָדוֹ שֶׁל הַמְנַתֵּחַ
לָרוּחַ וְלַדֹּפֶק וְלָרֵיחַ,
לְרַחַשׁ הַקִּינָה הַמְסֻתָּרָה.

הִיא יְשֵׁנָה: אֲבָל אָזְנָהּ פְּקוּחָה
לְקִישׁ מַתֶּכֶת קְרִירָה וְנִיד
עַפְעַף כָּבֵד; הִיא עֲרוּכָה תָּמִיד
לְדוּמִיַּת־פִּתְאֹם וְלַמְּבוּכָה.

הִיא יְשֵׁנָה: אֲבָל בְּךָ עֵינָהּ,
בְּפַחַז הָאָבִיב וּבַשַּׁלֶּכֶת,
בְּמֵת הַבָּא וּבְנִשְׁמַת־כָּל־חַי...
שָׁלוֹם לַחֲלוֹמָהּ. הִיא יְשֵׁנָה.

אֲבָל יָדָהּ הָאֱמוּנָה חוֹתֶכֶת,
עַד בּוֹא־הַשֶּׁמֶשׁ, בַּבָּשָׂר הַחַי.

You didn't ask those questions
in words,
only with tongue, mouth, hands,
and I answered,
sometimes to excess.

Whoever doesn't answer
(so you said to yourself)
has no right to ask aloud.

That's why I say, mute,
as the door turns on its hinge:
Bless your going, your return,
as we were most blessed, night and day,
of them all.

She Sleeps

She sleeps: her hand is still awake,
quicker than a surgeon's palm,
to breath and throbbing pulse and smell,
to murmurs of a hidden dirge.

She sleeps: her ear is still alert
to metal's clatter and the thud
of heavy eyelid; she's prepared
for silence and perplexity.

She sleeps, and yet she looks at you,
at spring's brief passions, autumn leaves,
on the dead to come, on breathing things.
Peace be to her dream. She sleeps.

She sleeps, and yet her trained hand cuts
till sunrise, through the living flesh.

עָלֶיהָ וְעָלָיו

הוּא עוֹצֵם אֶת עֵינָיו לְאַט, לֹא בְּבַת־אַחַת,
וּמְנַסֶּה לְהִזָּכֵר בְּפָנֶיהָ מִלִּפְנֵי־רֶגַע.
כַּאֲשֶׁר רָאָה אוֹתָם אָמַר לְעַצְמוֹ:
לְעוֹלָם לֹא אֶשְׁכַּח אֶת הַפָּנִים הָאֵלֶּה.

הַחִוָּרוֹן הַחַם הַזֶּה,
אֵין־אוֹנִים, אֵין־מָגֵן.
הַמֵּצַח הָרָם הַזֶּה
הַנּוֹתֵן אֵמוּן בְּיָדַי.
הַשְּׂפָתַיִם הָאֵלֶּה
הָאוֹמְרוֹת: אֵין מִלִּים,
רַק שֵׂעָר שָׁחֹר, רָפוּי,
שָׁקֵט כִּנְשִׁימָתִי.

כֵּן, הִיא נוֹשֶׁמֶת
וְכֻלָּהּ שֶׁלִּי.
שְׁמוּרוֹת עֵינֶיהָ
אֵין לָהֶן שׁוֹמֵר.
לֹא מַה־מִּלַּיְלָה, מַה־מִּיּוֹם,
כְּאִלּוּ אֵין סִימָן וְאֵין שׁוֹאֵל,
אֵין שַׁחַר וְאֵין עֵת,
אֵין יְשֵׁנָה, אֵין עֵר –

אֲבָל הוּא אֵינֶנּוּ יָכוֹל לְהִזָּכֵר.
הוּא שׁוֹאֵל אֶת עַצְמוֹ, לָמָּה,
הֲלֹא אָמַרְתִּי לְעַצְמִי?
מַה נִּשְׁאַר – אִם זֶה אֵינֶנּוּ?
וּכְבָר הוּא חוֹשֵׁב עַל עַצְמוֹ,
לֹא עָלֶיהָ.

Of Her and of Him

He closes his eyes very slowly,
and tries to recall her face.
(Looking at her, he had promised himself,
I will never forget this face:

Warm and pale,
helpless, unguarded,
the high forehead
that trusts my hands,
lips that say there are no words,
only limp, black hair,
quiet as my breathing.

Yes, she is breathing,
and she is entirely mine.
Her eyelids have no watchman,
no what of the night, what of the day,
as if there were no mark and no questioner,
no dawn and no time at all.)

But he cannot recall.
He asks: "Why?
Had I not promised myself?
What's left, if this is gone?"
And by then he's thinking of him,
not of her.

רָצִיף מס׳ 8

1

לְהַבְהֵב אֶת שְׂעָרֵךְ
לִלְהֹב סְבִיב פָּנַיִךְ

לְהָאִיר אֶת יָדֵךְ
וְלִרְאוֹת בַּעֲדָהּ

לִהְיוֹת מֵעֲבָרַיִךְ
בְּעֵת אַחַת וּבְעוֹנָה אַחַת

לַעֲצֹם אֶת מִצְחִי
בְּנוּמַת מִצְחֵךְ הַחַם

לְהַשְׁאִיר אֶת קוֹנְכִיּוֹת יָדַי
עַל שָׁדַיִךְ

אֶת חוֹתַם נְשִׁימָתִי
עַל לֹבֶן לֶחְיֵךְ

וְלִרְאוֹת בָּךְ תָּמִיד
אֶת הֱיוֹתִי

אֶת פְּנִים פָּנַי
וְכֹבֶד רֹאשִׁי.

2

לְהַמְשִׁיךְ בָּךְ
גַּם לְאַחַר שֶׁאַגִּיעַ
הַרְחֵק מִמֵּךְ

כְּגַלְגַּל חַמָּה
בְּעַיִן עֲצוּמָה
כְּרַכֶּכֶת חוֹנָה
סוֹבֶבֶת בָּעוֹרְקִים

Platform No. 8

1

To shine on your hair;
to flame around your face;

to light up your hand
and see through it;

to be on all sides of you
at once;

to press my forehead
against your sleeping eye;

to leave the shells of my hands
on your breasts,

my breath imprinted
on your white cheek,

and to see in you, always,
my true face,

and my gravity.

2

To continue in you
even after I arrive
far from you

as the sun's wheel
turns in closed eyes,
as a train in the station
beats in the arteries,

לְהַמְשִׁיךְ בָּךְ
גַּם לְאַחַר שֶׁתֵּעָצֵר
הָאֲדָמָה.

3

מַצְּבוֹת־אֶבֶן אֲפֹרוֹת בַּגֶּשֶׁם
דֶּשֶׁא יָרֹק
כּוּשִׁיָּה רָמַת מֵצַח

לָבְנֵךְ נִמְשָׁח עַל־פְּנֵי־כֹּל
כְּצָעִיף עַל פְּנֵי הַחשֶׁן.

4

בַּדּוּמִיָּה הָעַלְקוּלִית הַזֹּאת
אֲנִי חַיָּב לְשַׁנֵּן
מֵעָפָר
מֵעָפָר
כִּי הַנּוֹפִים חוֹלְפִים עַל פְּנֵי הַחֶדֶר
הַוִּילוֹנוֹת נִפְרָשִׂים כַּעֲנָנִים
הַחַלּוֹנוֹת מְשֻׁבָּצִים
שֶׁמֶשׁ
וְלַיְלָה
וְלָנוּ אֵין מִשְׁקָל וְאֵין מִתְאָר
מִתְעוֹפְפִים עַל עָמְדֵנוּ
כְּאֵשׁ מָשְׁזָר.

5

כַּאֲשֶׁר אֲנַחְנוּ חוֹבְרִים יַחַד
עוֹלָה הֶמְיַת הַמְּחוֹגִים
מִלֵּב הָאֲדָמָה

רַק אַחַר כָּךְ אֶפְשָׁר לְהִזָּכֵר
כִּי הַזִּכָּרוֹן נִמְחָה
כִּי הֶחָלָל כִּסָּה עָלֵינוּ בְּגַלָּיו
וְנָשַׁמְנוּ בְּגוּפֵנוּ כְּדָגִים

to continue in you
even after the earth stops.

3

Gray tombstones in the rain,
green grass,
a black woman with a high forehead—

your whiteness veils everything,
like gauze over a breastplate.

4

In this supersonic silence, I must repeat
from dust, from dust . . .
for the landscapes flash by the room,
the curtains billow like clouds,
the windows are inlaid with sun and night
and we have neither weight nor contour,
treading the same air
like twisted fire.

5

When we come together
the sound of instruments
rises from the earth.

It is only later we can recall
that memory failed,
that space covered us
with its waves
and, like fish,
we breathed with our bodies.

רַק אַחַר כָּךְ נִרְעַד הַגּוּף
לִזְכֹּר אָבְדָנוֹ
וְהַדָּם שֶׁחָזַר מְרַחְרֵחַ
בְּכָל פִּנּוֹת בֵּיתוֹ

אֲנִי חַי
וְנוֹשֵׂא אֶת עַצְמֵךְ.

6

נֹאמַר, כְּעָבָר:
נוֹשֵׁם אֲוִיר כָּפוּל
רוֹאֶה אֶת הָאוֹר
וְאֶת תְּאוֹמוֹ הָאָפֵל
בָּהִיר כְּנָהָר
עָלוּם כְּשֹׁרֶשׁ.

נֹאמַר, בְּרַחֲמִים רַבִּים:
טוֹבֶלֶת בַּנָּהָר
לְמַעַן אֶטַּהֵר
מְחוֹלֶלֶת לְאַט
שֶׁלֹּא אֶסְתַּחְרֵר
מְשַׁדֶּלֶת אֶת הָאֵשׁ
שֶׁתִּשָּׁאֵר בָּאָח.

7

אֲנִי רוֹאֶה אוֹתָךְ
בַּמַּרְאָה שֶׁל כַּף יָדִי

וְאַתְּ אוֹתִי
כְּשֶׁהָרוּחַ מְלַבָּה אֶת שְׂעָרֵךְ

בָּשָׂר אֶחָד?
הוֹ, הַרְבֵּה יוֹתֵר מִזֶּה

אוֹמֵר, אֲנִי,
בַּחֲדַר־מַרְאוֹתַיִךְ

It is only later the body trembles
when it remembers its loss
and the blood that returns
sniffs in all the corners
of its house.

I live
and carry you,

6

let us say, like a fetus:
breathing double air,
seeing the light
and its dark twin
clear as a river,
and hidden as a root.

Or let us say, with great compassion:
you bathe in the river to purify me,
dance slowly to keep me from growing dizzy;
you cajole the fire
to remain in the grate.

7

I see you
in the mirror of my hand

and you see me
when wind fans your hair.

One flesh?
Much more than that.

I say "I"
in the room of your mirrors.

רוֹאֶה, מָה הַשָּׁעָה,
בְּשֹׁרֶשׁ יָדֵךְ

לֹא עָגִיל בְּאָזְנַיִךְ
לֹא עֲנָק לְצַוָּארֵךְ

חֲלַל הַתֹּף עַצְמוֹ
פְּנִים הַפְּעִימָה הַלְּבָנָה

בַּמָּקוֹם שֶׁכָּל הַמִּלִּים
טוֹבְלוֹת בַּנָּהָר שֶׁל שְׁמֵךְ.

נִסָּיוֹן

אֲנִי עוֹזֵב אוֹתָךְ לַיּוֹם.
נִרְאֶה.
אָקוּם לְאַט בַּבֹּקֶר וְאֶרְאֶה:
עִקְבוֹת יוֹרֶה לֵילִי, וְכָל עוֹרוֹת
הָאֶקָלִיפְּטוּס הָעֵירֹם, אֲבָל
אֲנִי אֹמַר:
לֹא הֵרַחְתִּי גֶשֶׁם
בַּחֲלוֹמִי הָרֵיק וְהָאִטִּי,
לֹא שָׁמַעְתִּי תַּאֲנִיַּת קְרִיעָה.

אֲנִי עוֹזֵב אוֹתָךְ.
בְּהַכָּרָה
צְלוּלָה וּמַעֲשִׂית, כְּמוֹ בַּעַל־אוֹב
עַל סַף חֻפְשָׁה שְׁנָתִית. אֲנִי אָקוּם
בַּלַּיְלָה וְאֶרְאֶה: טִפּוֹת כְּבֵדוֹת,
מַרְאוֹת־שֶׁל־אֲפֵלָה הַמִּתְנַפְּצוֹת
אֶל כַּף יָדִי, קִרְעֵי גוּפֵךְ בָּרוּחַ,
אֲבָל אֲנִי אֹמַר:
פֶּלְחַן הַסְּתָו,

אֵפֶר עַל עָפָר, וְזֵכֶר מַיִם.
הַאִם תָּשׁוּבִי כַּעֲבֹר יוֹמַיִם?

I see the time
in your pulse.

Not your earring,
not your pendant,

but the hollow of the drum,
the interior of the white beat,

in the place where all the words
bathe in the river of your name.

Experiment

I'll leave you for a day.
                              We'll see.
I'll waken slowly in the dawn,
see traces of night's rain; torn skins
of the naked eucalyptus. Still,
I'll say:
                   I didn't smell the rain
within my hollow, sluggish dream.
I didn't hear the shreds, the moans.

I'll leave you,
                        sound in body and mind,
practical, a busy necromancer
planning his annual leave. I'll rise
at night and see the heavy drops,
black mirrors crashing hard against
my hand, the tatters of your body
in wind. I'll say:
                              the rites of fall,

ashes on dust, the rush of water.
Will you come back to me tomorrow?

IV דַּפֵּי־יוֹמָן

IV DIARY ENTRY

דַּפֵּי־יוֹמָן: 16 במרץ 1978

הַנּוֹף הַזֶּה חָזַר לְסוּרוֹ.
הוּא שׁוּב מִתְחַטֵּא, מְפַתֶּה, מְשַׁדֵּל:
נוּרִיּוֹת־אֲדָרִ,
דְּמוּמִיּוֹת בֵּין חִיּוּכֵי־הַבָּר,
אֵד מִתַּמֵּר, לָבָן, שֶׁל שְׁקֵדִיּוֹת.

אֲנִי דָּבֵק בְּסֵדֶר יוֹמִי.
פְּגִישָׁה רִאשׁוֹנָה: עִם רוֹאֵה הַחֶשְׁבּוֹן.
מַה הוּא רוֹאֶה בְּיוֹם אֲשֶׁר כָּזֶה?
מַחְשֵׁב־הַכִּיס נִצָּת, כָּבֶה,
מוֹנֶה מִסְפָּר, צוֹפֵן, זוֹכֵר,
רוֹאֶה אֶת הַנּוֹלָד.

הַאִם כֻּלָּם מְמַצְמְצִים כָּמוֹנִי?
מֵאָז הַבֹּקֶר לֹא רָאִיתִי זוּג עֵינַיִם.
הַמִּדְרָכָה מְכֻסָּה, הַכְּבִישׁ מְכֻסֶּה
נְשֹׁרֶת שֶׁל מַבָּטִים.
וּמַה שֶּׁלֹּא נָפַל לָאָרֶץ
חָג מֵעָלֵינוּ בַּשָּׁמַיִם.

אֲנִי דָּבֵק בְּסֵדֶר יוֹמִי.
פְּגִישָׁה שְׁנִיָּה: אֵצֶל הַחַיָּט.
אֶצְבָּעוֹת מְאֻמָּנוֹת מְאֹד,
קְשׁוּת־יוֹם, קְשׁוּת־לַיְלָה.
הַטְּלַאי עָלָה יָפֶה,
אִישׁ לֹא יַרְגִּישׁ בּוֹ.

חָכְמַת הַמִּסְכֵּן הַזֶּה,
בַּכּוּךְ הָאָפֵל,
אֵינֶנָּה בְּזוּיָה.
אֵין כָּאן זֵכֶר לְפֶרַח,
לְתַכְרִיכֵי הָאָבִיב הַיָּפִים.

אֲנִי דָּבֵק בְּסֵדֶר יוֹמִי.
תַּחֲנָה שְׁלִישִׁית: מְכוֹן הַצִּלּוּמִים.
קוֹרוֹת חַיַּי בִּשְׁנֵי עֻתָּקִים.
(אוּלַי שְׁלֹשָׁה?)

Diary Entry

(On March 16, 1978, Israel invaded Lebanon in the Litani operation.)

This landscape has returned to its evil ways.
Once again it pouts, persuades, entices:
March azaleas,
Adonises between riotous smiles,
the billowing white mist of almond trees.

I keep to my schedule.
First stop: the accountant.
What can he account for on such a day?
The pocket calculator lights, turns off,
adds up; it stores, remembers,
predicts what is to come.

Does everyone squint as I do?
Since morning I've seen no eyes.
The sidewalk and the road are covered
with fallen glances,
and what hasn't drifted to earth
circles above us.

I keep to my·schedule.
Second stop: the tailor.
Skilled fingers, hardened by hard nights.
The patch is unnoticeable.
The wisdom of this poor man
is not to be despised.
In his dark cell,
there's no trace of a flower,
of spring's beautiful shrouds.

I keep to my schedule.
Third stop: the copy center.
My life in two copies,
or three, perhaps.

הַנּוּרָה הָאֲדֻמָּה נִדְלֶקֶת
וְחַיֵּי מְכֻפָּלִים, גּוֹלְשִׁים לַמִּגָּשׁ,
קוּרִיקוּלוּם, רִיקוּלוּם, רִיקוּלוּם,
בּוֹהֲקִים כִּשְׁטָר חָדָשׁ.

תַּחֲנָה רְבִיעִית: שָׂדֶיהָ, שָׂדַיִךְ.
חֲלִילִים בְּאַגַּן הַיְּרֵכַיִם,
נְבָלִים בַּשֵּׂעָר הַנִּגָּר.
בְּיוֹם אֲשֶׁר כָּזֶה?
צַר לִי, כֵּן, אֲשֶׁר כָּזֶה,
בֵּין רוֹאֵה־הַחֶשְׁבּוֹן לַחַיָּט,
בֵּין מְכוֹן־הַצִּלּוּמִים וְעִתּוֹן־הָעֶרֶב,
בֵּין מִרְמַת־הָאָבִיב וְעָגְמַת הַקֶּרֶן,
בֵּין שָׂדַיִךְ.

יֶלֶד בּוֹכֶה בַּדֶּשֶׁא.
הָאֲדָמָה אֵינָהּ רוֹאָה.
הַשִּׁטָּה הַוָּתִיקָה פּוֹרַחַת.
אֲנִי דָּבֵק בְּסֵדֶר יוֹמִי:
מְמַצְמֵץ אֶל הַיֶּלֶד,
מַקְשִׁיב לְקוֹלוֹ.
הוּא אֵינוֹ מִתְנַצֵּל.
הָרֶגַע שֶׁלּוֹ סוֹגֵר עָלָיו
כְּמוֹ מַדִּים שֶׁל אָמוֹדַאי.

אֲבוֹתֵינוּ הָיוּ חוֹתְמִים
בְּדִבְרֵי נֶחָמוֹת.
הֵם צָדְקוּ, כַּמּוּבָן.
רוֹאֵה־הַחֶשְׁבּוֹן חַיָּב לְחַשֵּׁב,
הַחַיָּט חַיָּב לִתְפֹּר,
הַיֶּלֶד לִבְכּוֹת.
כְּשֶׁהַדְּבָרִים יוֹצְאִים מִידֵי פְּשׁוּטָם
חוֹבָה לוֹמַר דְּבָרִים פְּשׁוּטִים.

כָּרֶגַע הוֹדִיעוּ לִי
שֶׁבֶּן־אֲחוֹתָהּ שֶׁל יְדִידָה קְרוֹבָה,
בֶּן קִבּוּץ בַּצָּפוֹן,
נָפַל בֵּין אַרְזֵי הַלְּבָנוֹן.

מַה פָּשׁוּט מִזֶּה?

The red light goes on;
I, doubled, slide into the tray,
curriculum-riculum-riculum,
shining like a new bill.

Fourth stop: her breasts, your breasts,
flutes in the pelvis,
harps in the flowing hair.
On such a day?
Yes, I'm sorry. On such a day,
between the accountant and the tailor,
the copy center and the evening newspaper,
between spring's deception and the newscaster's grief,
between your breasts.

A child cries on the lawn.
The earth turns a blind eye.
The old acacia flowers again.
I keep to my schedule:
I squint at the child and listen.
He doesn't apologize.
His moment covers him
like a diver's suit.

The sages would conclude
with comforting words
(they were right, of course).
The accountant must calculate,
the tailor must sew,
the child must cry.
When everything becomes a metaphor
one should say simple things.

I've just been told
that a friend's nephew
from a kibbutz in the North
fell among the cedars of Lebanon.

What could be simpler than that?

שִׁעוּר לְדֻגְמָה

בְּבִיאַפְרָה גָּוְעוּ הַשָּׁנָה בְּרָעָב מִילְיוֹן וָחֵצִי –
לְפִי הַבִּטּוּי הַשָּׁגוּר:
אֲנָשִׁים וְנָשִׁים וָטַף –
אוֹ, לְפִי הַסֵּדֶר הַמְקֻבָּל בָּאֳנִיָּה טוֹבַעַת:
נָשִׁים וִילָדִים, וּגְבָרִים.

אֲנִי מְבַקֵּשׁ תְּשׂוּמֶת־לֵב.

גּוּף־רַבִּים, בְּעֶצֶם, אֵינֶנּוּ גּוּף.
אֵין לוֹ, נֹאמַר, שְׂרִיטָה בַּלֶּחִי
אוֹ דַלֶּקֶת בָּאָזְנַיִם.
וְגַם לֹא צַעֲצוּעִים אֲדֻמִּים אוֹ שְׁחוֹרִים.

נִזְכֹּר אֶת הַצְּבָעִים: אֲדֻמִּים, שְׁחוֹרִים.

כְּמוֹ־כֵן, זְמַן־עָבָר אֵין לוֹ זְמַן.
תָּמִיד יֵעָלֵם בַּסְּבַךְ,
לְאַחַר שֶׁמִּישֶׁהוּ מָחָה אֶת הָעֲקֵבוֹת
וְהַגֶּשֶׁם טִאטֵא אֶת הָרֵיחוֹת.

לָכֵן,
– בְּבַקָּשָׁה קְצָת דֶּרֶךְ־אֶרֶץ –
עָלֵינוּ לוֹמַר הַכֹּל מֵחָדָשׁ
בְּיָחִיד וּבְהֹוֶה:
בְּבִיאַפְרָה גּוֹוֵעַ יֶלֶד וְ/אוֹ   וְ/אוֹ

בָּרוּר?
וְעַכְשָׁו שֶׁחִלַּקְתִּי אֶת הַטְּפָסִים,
נְמַלֵּא אוֹתָם.
וְאַחַר־כָּךְ בְּהֹוֶה וּבְיָחִיד,
נֵלֵךְ אִישׁ־אִישׁ לְבֵיתוֹ
וּבְדֶרֶךְ כָּל הָאָרֶץ.

Model Lesson

In Biafra this year, hunger killed
one million and a half—
as they say—
men, women, and children,
or, as on a sinking ship,
women and children, and men.

Your attention, please.

The body politic, actually, is bodiless.
It does not have, for example,
a bruised cheek, an earache,
or red or black toys.

Remember the colors: Red. Black.

Further, the past tense has no past.
It disappears in the forest
after someone has erased the tracks
and the rain has washed away the odor.

Therefore—
(come to order, please!)—
we must repeat everything
in the present singular.
In Biafra, hunger is killing a child,
and/or a   and/or a

Is that clear?
Let us now fill out
the forms I've distributed.
And later, in the present singular,
each will go his own way
and, as they say,
the way of all flesh.

בְּגַן הָעַצְמָאוּת

קוֹל קוֹבֵל בַּשֻּׁלְחָן הַסָּמוּךְ:
Ich hab genug gemusst in meinem Leben.
עַד כָּאן. הַשְּׁאָר חָמַק לַגַּן.

יָשַׁבְתִּי בַּוֶּרַנְדָּה,
מַפְקִיר אֶת פָּנַי לַשֶּׁמֶשׁ הַחָרְפִּית.
לֹא רָאִיתִי אֶת פָּנֶיהָ.
הִיא חָלְפָה עַל שֻׁלְחָנִי
אַךְ הִשְׁאִירָה עָלָיו
אֶת הַצֵּל הָעִקֵּשׁ הַזֶּה.

וּמָה הִיא תַעֲשֶׂה עַכְשָׁו?

תִּשְׁתֶּה קַפּוּצִ'ינוֹ?
תֵּלֵךְ לְבַדָּהּ לְהַצָּגָה יוֹמִית?
תְּעוֹדֵד עָגִיל יָתוֹם?
תְּבַלֶּה אֶת צָהֳרֵי־יוֹמָהּ,
עֲצוּמַת־עֵינַיִם,
מַפְקִירָה אֶת פָּנֶיהָ לַשֶּׁמֶשׁ?

קָשֶׁה לָדַעַת.
פַּעַם הָיָה נִדְמֶה לִי
שֶׁאֵינֶנִּי חוֹשֵׁב עַל הַמָּוֶת.
אַחַר־כָּךְ הִתְחַוֵּר לִי
שֶׁהוּא מֵצִיץ מִכָּל הַחֲרַכִּים.
עַכְשָׁו אֲנִי יוֹדֵעַ
שֶׁהוּא מְלַוֶּה אוֹתִי
רֹב הַיּוֹם, רֹב הַלַּיְלָה
וַאֲפִלּוּ בְּשָׁעָה – –
אוּלַי דַּוְקָא בְּשָׁעָה – –
שֶׁאֲנִי שָׂם אֶת פִּי עַל פִּיךְ.

כָּאן הַמָּקוֹם לְסַיֵּם.
כִּי גַּם בְּרֶגַע זֶה
שְׂפָתָיו מְדוֹבְבוֹת אוֹתִי.
אֲבָל אֲנִי סַקְרָן מְאֹד לָדַעַת,
מַה בְּדַעְתָּהּ לַעֲשׂוֹת?

Independence Garden

A voice at the next table:
Ich hab genug gemusst in meinem Leben.
That's all. The rest vanished in the garden.

I sat on the veranda,
abandoning my face to the winter sun.
I didn't see her face.
She brushed my table,
leaving
this stubborn shadow.

And what will she do now?

Drink cappuccino?
Go to a matinée?
Buy a single earring?
Spend her afternoons
with eyes shut,
abandoning her face to the sun?

It's hard to know.
Once I imagined
I didn't think of death.
Afterward I realized
that it peers from all the lattices.
Now I know
it accompanies me
most of the day, most of the night
and even—
perhaps especially—
when my mouth is on your mouth.

This is the place to end,
for at this very moment
his lips speak through mine.
Still, I am curious to know
what she intends to do.

עַל הַנִּסִּים

אֲנִי נִכְנָס לַמִּטְבָּח הֶחָשׁוּךְ
וְלוֹחֵץ עַל הַמֶּתֶג.
אוֹר גָּדוֹל.

אֲנִי מִתְיַשֵּׁב עַל הַסַּפָּה
לְיַד הַכֶּלֶב.
הוּא מִתְהַפֵּךְ עַל גַּבּוֹ,
מֵרִים אֶת כַּפּוֹתָיו, מְנַהֵם.

בַּחֲדַר־הַשֵּׁנָה,
אֲנִי רוֹכֵן עַל אִשְׁתִּי.
הִיא מְחַיֶּכֶת בִּשְׁנָתָהּ,
מְהַמְהֶמֶת, שׁוּב נִרְדֶּמֶת.

הַאִם אֵינָם מְבִינִים?
חַיּוֹת־אֵשׁ מְמַלְּלוֹת,
מַלְאַךְ־הַמָּוֶת בָּעִיר,
הַמִּזְבֵּחַ בּוֹכֶה –

וַאֲנִי עוֹבֵר מֵחֶדֶר לְחֶדֶר,
לַיְלָה אַחַר לַיְלָה,
וּמוֹנֶה אֶת הַנִּסִּים.

כָּל חַיַּי

כָּל חַיַּי אֲנִי מַנִּיחַ מַלְכּוֹדוֹת בְּצִדֵּי הַדְּרָכִים,
בְּחַדְרֵי בֵּיתִי, בַּאֲרָצוֹת רְחוֹקוֹת – שֶׁלְּעוֹלָם לֹא אֶרְאֵן.
לְעִתִּים אֲנִי שׁוֹמֵעַ אֶת זַעֲקוֹת הַכְּאֵב שֶׁל חֲבֵרַי,
שֶׁל אִשְׁתִּי וּבְנִי, שֶׁל אוֹיְבִים קְרוֹבִים וִידִידִים רְחוֹקִים –
שֶׁלְּעוֹלָם לֹא אַכִּירֵם. אִלּוּ יָדְעוּ כִּי רַק אֶת צִלִּי שֶׁלִּי אֲנִי צָד,
אוּלַי לֹא הָיוּ נוֹטְרִים לִי אֵיבָה, וְאוּלַי לֹא הָיוּ צוֹעֲקִים.

Miracles

I go into the dark kitchen
and press the switch.
Lights!

I sit on the sofa
near the dog.
He turns on his back,
raises his paws and yawns.

In the bedroom
I bend down to my wife.
She smiles in her sleep,
murmurs, dreams again.

Don't they understand?
Fiery creatures are uttering,
the Angel of Death is in the city,
the altar is crying . . .

and I go from room to room,
night after night,
counting the miracles.

All My Life

All my life I put traps at the sides of roads,
in the rooms of my house, in distant countries
I will never see. Sometimes I hear the moans
of my friends, of my wife and son, of close enemies
and distant comrades I will never know. If they understood
it is only my shadow I am hunting,
perhaps they would not loathe me.
Perhaps they would not cry out.

לְוָיָה צְבָאִית כְּחֹם הַיּוֹם

לזכר י.ה.

1

יְרֵחִים דְּלוּקִים נָעִים בַּכְּבִישׁ.
מַרְבֵּה־רַגְלַיִם זַרְחָנִי
מִזְדַּחֵל אֶל חֹשֶׁךְ אַחֲרוֹן.

בָּרֹאשׁ – קוֹמַנְדְּקַר עֲטוּר זֵרִים.
חַיָּלִים צְעִירִים קְפוּצֵי־פָּנִים;
הַקָּנִים כְּלַפֵּי מַעְלָה.

2

בֵּית־קְבָרוֹת צְבָאִי חָדָשׁ,
מָלֵא נִיחוֹחִים.
הַגַּנָּנִים בָּאִים וְשָׁבִים,
חֲמָמָה שֶׁל מָוֶת.

פָּנֶיהָ. בָּנֶיהָ. הוֹרָיו. בָּנָיו –

הַמַּלְאָךְ שֶׁהִשְׁכִּיחַ מֵהֶם
אֶת כָּל חָכְמַת הָרֶחֶם
בְּצֵאתָם לַאֲוִיר הָעוֹלָם –
הוֹלֵם בָּהֶם בַּפַּעַם הַשְּׁנִיָּה.

הַכֹּל נִמְחָק, נִשְׁכָּח, נִשְׁחָק.

שִׁכְחָה אַחֶרֶת מְשַׁנָּה
אֶת מִבְנֵה עַצְמוֹתָיו שֶׁל הָאָב,
אֶת מַסְלוּל הַגִּידִים
וְלֹבֶן הָעֵינַיִם.

שִׁכְחָה אַחֶרֶת מְשַׁנָּה
אֶת הֶרְכֵּב דָּמָהּ שֶׁל הָאֵם,
אֶת צֶבַע עוֹרָהּ
וְהַשָּׁחֹר שֶׁבְּעֵינֶיהָ.

Military Funeral at High Noon

In Memory of J. H.

1

Glaring moons move on the road.
A phosphorescent centipede
crawls to its final resting place.

At the head, a command car
smothered in wreaths:
young soldiers, tight faces,
barrels aimed at heaven.

2

A new military cemetery,
full of fragrance.
The gardeners come and go
in death's greenhouse.

Her face. Her sons. His parents. His sons—

The angel who made them forget
all the womb's wisdom
when they saw the light of day,
strikes them again.

Everything is ground down, razed, forgotten.

A different forgetting alters
the father's bone-structure,
the veins' routes,
the whites of the eyes.

A different forgetting alters
the composition of the mother's blood,
her skin color,
the blacks of her eyes.

הֵם יִצְטָרְכוּ לְהַחֲלִיף
אֶת כָּל הַמִּסְמָכִים.
הַיּוֹם הֵם הוֹפְכִים לְזָרִים
בְּאֶרֶץ נָכְרִיָּה,

עוֹלִים חֲדָשִׁים בְּאַרְצוֹת הַחַיִּים.

3

צֵא
צֵא וְחַשֵּׁב אֶת גִּילָם,
אֶת גִּילְךָ וְגִיל בָּנֶיךָ.
נוּעַ
בֵּין טוּרֵי הַמִּסְפָּרִים.
נוּעַ
בָּאֲדָמָה הַתְּחוּחָה.
כָּל מַצֵּבָה
מֻצָּב פִּקּוּד.
אַתָּה מֻקָּף, מְכֻתָּר, שָׁבוּי,
חַי – בְּשֶׁטַח הַמֵּת.
צֵא.

4

יְרֵחִים כְּבוּיִים נָעִים בִּשְׂדֵרָה
אֶל הַשֶּׁטַח הַבָּנוּי.

הַקּוֹמַנְדְּקַר כְּבָר חָזַר,
כָּפוּף לְהוֹרָאוֹת.

מַרְבֵּה־הָרַגְלַיִם
מִתְפַּקֵּק לְחֻלְיוֹתָיו.

אִישׁ לְנַפְשׁוֹ.
אִישׁ לְבֵיתוֹ.

אִישׁ לִמְזוּזָתוֹ
וּלְתֵבַת מִכְתָּבָיו.

They will have to replace
all their documents.
Today they become strangers
in a new country.

Immigrants in the land of the living.

3

Get moving.
Calculate their ages,
your own age, your children's ages.
Move
among the columns of numbers.
Move
in the loose earth.
Every gravestone
is a command post.
You are encircled, surrounded, captive,
alive—in the world of the dead.
Get out.

4

Pale moons move in a row
back to town.

The command car has returned,
as instructed.

The centipede
falls apart.

Every man to himself,
every man to his home.

Every man to his doorpost
and his mailbox.

5

בֵּית הַקְּבָרוֹת הֶחָדָשׁ
מָלֵא נִיחוֹחִים.

צְעָקוֹת שֶׁנִּמְהֲלוּ בַּפְּרָחִים,
דְּמָעוֹת שֶׁהִשְׁאִירוּ דֹּק שֶׁל מֶלַח
עַל הַמַּצֵּבוֹת.

הַבְּכִי תָּלוּי בַּחֲלַל הַחֶלְקָה
כְּמוֹ נְטִיפִים בִּמְעָרָה חֲשׁוּכָה.

יְרֵחִים נִדְלָקִים לָנוּעַ בַּכְּבִישׁ.
הַפָּנִים נִקְפָּצִים.
הַקָּנִים כְּלַפֵּי מַעְלָה.

אפריל 1974

5

The new cemetery
is full of fragrance,
cries mixed with flowers,
tears that have left a glaze of salt
on the tombstones.

The weeping hangs over the plot
like stalactites in a dark cave.

Glaring moons are ready to move;
the faces tighten,
the barrels aim at heaven.

April 1974

V הִתְנַצְּלוּת הַמְחַבֵּר

v AUTHOR'S APOLOGY

הִתְנַצְּלוּת הַמְחַבֵּר

הַיּוֹם פּוֹנֶה

הַיּוֹם פּוֹנֶה,
הַשַּׁעַר נִנְעָל.
הוֹ, אֵיזוֹ צְעָקָה נוֹרָאָה.
הַאִם אֵינְכֶם שׁוֹמְעִים?
פִּתְחוּ, פִּתְחוּ,
מִישֶׁהוּ נִלְכַּד בַּשַּׁעַר.

פְּקֻדַּת יוֹם

לְשַׂמֵּחַ אֶת הַיְלָדִים!
לְשַׂמֵּחַ אֶת הַיְלָדִים!
לְשַׂמֵּחַ אֶת הַיְלָדִים!

שֶׁלֹּא יִשְׁמְעוּ אֶת הַצְּרִיחוֹת הַנִּחָרוֹת בִּגְרוֹנֵנוּ
שֶׁלֹּא יִרְאוּ אֶת יַעַר הָאַנְטֶנּוֹת הַצּוֹמֵחַ מֵרֹאשֵׁנוּ
שֶׁלֹּא יִשְׁמְעוּ אֶת קוֹלוֹת הַקְּרִיעָה הָעוֹלִים מִכָּל עֵבֶר
בֶּגֶד, נְיָר, סָדִין, שָׁמַיִם
שֶׁלֹּא יִשְׁמְעוּ אֶת עֵינֵי הַשָּׁכֵן נִדְרָכוֹת מֵאֲחוֹרֵי הַתְּרִיס
שֶׁלֹּא יִרְאוּ אֶת צִבְעֵי הַהַסְוָאָה שֶׁמִּתַּחַת לְעוֹר פָּנֵינוּ
שֶׁלֹּא יִשְׁמְעוּ אֶת רִשְׁתוֹת הַקֶּשֶׁר הַדְּלוּקוֹת בְּגוּפֵנוּ

אֲנַחְנוּ צְרִיכִים לְהַמְצִיא צֹפֶן שֶׁל מְבֻגָּרִים
כְּדֵי שֶׁנּוּכַל לְדַבֵּר עַל –
פַּעֲמוֹן רָחוֹק (נָפַל)
אֹרֶן יָרֹק (נֶעְדַּר)
עָנָן קָטָן (נִשְׁבָּה)
קַן צִפּוֹר (נִפְצַע)

כָּאן הַמְפַקֵּד:
קַן־הַצִּפּוֹר נִשָּׂא עַל עָנָן קָטָן,
נָח בָּאֹרֶן הַיָּרֹק, לְקוֹל פַּעֲמוֹן רָחוֹק.
לַיְלָה טוֹב. סוֹף.

לְשַׂמֵּחַ אֶת הַיְלָדִים!
לְשַׂמֵּחַ אֶת הַיְלָדִים!

Author's Apology

THE GATE

The day is fading.
The gate is swinging shut.
Oh, what a terrible cry!
Can't you hear it?
Open it! Open it!
Someone is trapped in the gate.

ORDER OF THE DAY

Keep the children happy!
Keep the children happy!

Don't let them hear the hoarse screams in our throats,
or see the forest of antennae growing out of our heads,
or hear the shredding sounds on all sides—clothes, paper, sheets, sky;
don't let them hear the neighbor's eyes triggered behind the shutters,
or see the camouflage colors beneath the skins of our faces,
or hear the wireless networks crackling in our bodies.

We have to invent a code for grownups
to speak of a
    distant bell (he fell)
    green pine (missing in action)
    small cloud (captured)
    bird's nest (wounded)

This is your commanding officer:
"A bird's nest, carried on a small cloud,
comes to rest in a green pine
to the sound of a distant bell.
Good night. Over and out."

Keep the children happy!
Keep the children happy!

זֵכֶר פִּתְאֹמִי

אָדָם הָרִאשׁוֹן
יוֹשֵׁב וְנוֹתֵן שֵׁמוֹת לַחַיּוֹת,
נְשִׁימָה לַמִּלִּים.

בְּבֹקֶר זֶה,
מַקָּף חַיּוֹת, פְּרָחִים, שָׁמַיִם,
אֲנִי יוֹשֵׁב וּמַחֲרִישׁ,
חָס עַל מְעַט הָאֲוִיר שֶׁנּוֹתַר לִי.

תְּרִיסָיו מוּגָפִים

תְּרִיסָיו מוּגָפִים.
לְפָנַי? אַחֲרַי?
פָּנָיו נְעוּלִים.

צָהֳלַת יְלָדִים מֵרָחוֹק
מַמְרִיאָה, נוֹסֶקֶת,
שׂוֹרֶטֶת גִּיר עַל לוּחַ הַשָּׁמַיִם,
רְעִידַת שִׁמְשׁוֹת.

הוּא מְכַסֶּה אֶת הַקּוֹלוֹת בְּסָדִין
אֲבָל שְׁעוֹן הַחוֹל הוֹלֵם בִּגְרוֹנוֹ,
גַּרְגֵּר, גַּרְגֵּר,
פְּצָצוֹת מַחֲרִישׁוֹת שֶׁל זְמַן.

אֲנָטוֹמְיָה שֶׁל מִלְחָמָה

1

עוֹד לֹא לְפִי כֹּחִי.
עוֹד יוֹם.
עוֹד יוֹם.

עֵינַי כָּלוֹת הַיּוֹם
לַזָּעִיר שֶׁבַּיְצוּרִים,
לִתְנוּעוֹת בִּלְתִּי נִרְאוֹת שֶׁל מַיִם,
לַחֲדָרִים הַפְּנִימִים.

SUDDEN MEMORY

Adam sits
giving names to animals,
breath to words.

This morning,
surrounded by beasts,
flowers, sky,
I sit silent,
treasuring the breath I have left.

HIS SHUTTERS CLOSE

His shutters close.
Before? After? His face is locked.

From far away, children's shouts
take off and soar:
Chalk scratches on the sky's board,
the shudder of window panes.

He covers the sounds with sheets,
but the sundial throbs in his throat,
grain by grain:
deafening time, bombs, time.

ANATOMY OF WAR

1

I'm not up to it yet.
One more day. One more day.

Today my eyes long
for the tiniest of creatures,
for the invisible motions of water,

לִרְאוֹת אֶת פְּעִימַת לִבּוֹ שֶׁל גָּבִישׁ פִּתְאֹמִי,
אֶת הַבּוּעָה הָרִאשׁוֹנָה עַל סַף הָרְתִיחָה.
לְהִכָּנֵס אֶל עֵין הַשַּׁחֲרוּר
בֵּין עֶשְׂרִים הָרֵי הַשֶּׁלֶג.
לִשְׁמֹעַ אֶת הַגֶּפֶן מַחֲוִירָה
בְּלֵיל חֶשְׁוָן,
לֵיל מַרְחֶשְׁוָן.

עוֹד לֹא לְפִי כֹּחִי,
עוֹד לֹא.
עוֹד יוֹם.

2

הָיָה לָנוּ לְפֶה
פָּעוּר, נַעַל קֶשֶׁת־יוֹם, קָנֶה נוֹשֵׁם.

הָיָה לָנוּ לְיָד
סוֹפֶקֶת, כַּף, מַפַּת קַוִּים, כְּתָב.

הָיָה לָנוּ לְעַיִן
רוֹאָה.

הָיָה לָנוּ לְאֹזֶן
שׁוֹמַעַת, רֶגֶל הוֹלֶכֶת, רַקַּת רִמּוֹן.

הָיָה.

3

בַּמִּלְחָמָה הַזֹּאת
יָשַׁבְתִּי בְּחֶדֶר מְמֻזַּג־אֲוִיר
וְעָקַבְתִּי אַחֲרֵי הַנַּעֲשֶׂה
בַּיָּם, בַּיַּבָּשָׁה וּבָאֲוִיר.

יָשַׁבְתִּי בְּמַעֲבֵה הָאֲדָמָה,
קָרוֹב אֶל מְקוֹרוֹת יוֹדְעֵי דָּבָר.
רַק מֵעֵינֵי הַיּוֹרְדִים וְעוֹלִים
נִחַשְׁתִּי אִם יוֹם, אִם לַיְלָה.

to see the heartbeat of a sudden crystal,
the first bubble on the verge of boiling,
to enter the eye of a blackbird
among twenty snowy mountains,
to hear the vine growing pale,
on an October night,
an October night.

I'm not up to it yet.
Not yet.
One more day.

2

For us be a mouth
wide open, a hardened shoe, a breathing barrel.

For us be a hand
wrung, a palm, a grid map, the written word.

For us be an eye
that sees.

For us be an ear
that listens, a foot that walks, a pomegranate throat.

For us
be.

3

During this war
I sat in an air-conditioned room
and followed what happened
on land, on sea, and in the air.

I sat in the depths of the earth,
close to well-informed sources.
Only the eyes of men coming down and going up
told me whether it was day or night.

הִכַּרְתִּי אֶת כָּל שְׁמוֹת הַצָּפֹן.
מָשָׁל לְאָדָם הַחַי בְּמָשָׁל
וְאֵינוֹ מַכִּיר אֶת הַנִּמְשָׁל.
נוֹתְרָה לִי רַק הַשְּׁנִינָה.

4

זוֹהִי הִתְנַצְּלוּת הַמְחַבֵּר:

אָמַרְתִּי לְפָנַי –
הִשָּׁאֲרוּ אִתִּי.
אֲבָל הֵם רָחֲבוּ לְפֶתַע,
כְּמוֹ אֲגַם מֻכֵּה סַלְעֵי שָׁמַיִם,
וְלֹא חָזְרוּ אֵלַי.

אָמַרְתִּי לַחֲלוֹמַי –
לָכֶם מֶמְשֶׁלֶת הַלַּיְלָה.
אֲבָל הֵם פָּרְצוּ, הֲמוּנִים־הֲמוּנִים,
אֶל תְּחוּם יוֹמִי.
הַשֶּׁמֶשׁ זָרַח, הַשֶּׁמֶשׁ בָּא,
וַאֲנִי לֹא יָדַעְתִּי.

אָמַרְתִּי לִשְׁמִי –
דְּבַק בִּי.
הֶחֱזַקְתִּי תַּצְלוּם חָתוּם בְּכִיסִי,
מִשְׁמַשְׁתִּי אוֹתוֹ בְּלִי הֶרֶף.
כַּנִּרְאֶה, יוֹתֵר מִדַּי.

הִתְנַצַּלְתִּי אֶת פָּנַי, אֶת יוֹמִי וּשְׁמִי.

זֹאת הָיְתָה הִתְנַצְּלוּת הַמְחַבֵּר.

5

נָחָשׁ, נָחָשׁ,
לֵךְ וֶאֱמֹר לַנָּחָשׁ הָעֶלְיוֹן
כִּי כֻּלָּנוּ נֶחֱנָקִים בָּעוֹר הַיָּשָׁן שֶׁלָּנוּ.

I knew all the codes:
a man living in a parable
who does not know the moral.
All I have left is my wit.

4

This is the author's apology.

I said to my face,
stay with me.
But it suddenly widened,
like a lake struck by rocks from heaven
and did not return to me.

I said to my dreams,
you rule the night.
But they burst forth, in hordes,
into the precincts of my day.
The sun rose, the sun sank,
and I didn't know.

I said to my name,
stay with me.
I kept a signed photograph in my pocket
and fingered it all the time.
Too much, it would seem.

I stripped off my face, my day, and my name.
I laid myself bare.

That was the author's apology.

5

Serpent, serpent,
go and tell the Supreme Serpent
that we are all choking in our old skins.

נָחָשׁ, נָחָשׁ,
לֵךְ וֶאֱמֹר לַנָּחָשׁ הָעֶלְיוֹן
כִּי עֵינֵי הֶחָלָב מִתְקַשּׁוֹת בְּמִצְחֵנוּ,

כִּי הַיָּדַיִם הַיְשָׁנוֹת כִּצְבַת חֲלוּדָה,
הַפֶּה הַיָּשָׁן כְּנַעַל בַּמִּדְבָּר,
הַלָּשׁוֹן הַיְשָׁנָה כְּמַפְתֵּחַ נַעֲוֶה,
הָאֶרֶס הַיָּשָׁן חוֹמֵר בְּרֵאוֹתֵינוּ.

נָחָשׁ, נָחָשׁ,
לֵךְ וֶאֱמֹר לַנָּחָשׁ הָעֶלְיוֹן
כִּי יַחֲזִיר לָנוּ אֶת תְּקוּפוֹת הַשָּׁנָה,
קַיִץ וְאָבִיב, וְחֹרֶף וּסְתָו

וְיָרֵחַ בַּלַּיְלָה.

מַה שֶּׁקָּרָה

מַה שֶּׁקָּרָה – קָרָה בֶּאֱמֶת
מַה שֶּׁקָּרָה – קָרָה בֶּאֱמֶת
מַה שֶּׁקָּרָה – קָרָה בֶּאֱמֶת
אֲנִי מַאֲמִין בֶּאֱמוּנָה שְׁלֵמָה
שֶׁיִּהְיֶה בִּי הַכֹּחַ לְהַאֲמִין
שֶׁמַּה שֶּׁקָּרָה – קָרָה בֶּאֱמֶת.

אוקטובר–דצמבר 1973

Serpent, serpent,
go and tell the Supreme Serpent
that our baby eyes are hardening in our heads,

that our old hands are rusty tongs,
the old mouth a shoe in the desert,
the old tongue a twisted key,
the old poison seething in our lungs.

Serpent, serpent,
go and tell the Supreme Serpent
that he should return the seasons,
summer and spring, winter and autumn,

and a moon at night.

I BELIEVE

What happened really happened.
What happened really happened.
I believe with perfect faith
that I will find the strength to believe
that what happened really happened.

October–December 1973

VI   אֲנִי לְדוֹדִי

VI MY BELOVED IS MINE

אֲנִי לְדוֹדִי וְדוֹדִי לִי

אֲהוּבִי, הִיא כָּתְבָה לוֹ.
קוֹלוֹ הָלַךְ בַּחֶדֶר, וְהִיא שָׁמְעָה
אֶת כָּל הַנְּחָלִים הוֹלְכִים לַיָּם.
אֵינֶנּוּ מָלֵא, אֵינֶנּוּ מָלֵא; כִּמְעַט
רָשְׁמָה אֶת שְׁמָהּ עַל הַמַּעֲטָפָה.

לִפְעָמִים הָיְתָה נִבְהֶלֶה.
הוּא נָשַׁק אוֹתָהּ בַּחֲלוֹמוֹ,
וּמִצְחָהּ רָגַע כַּאֲגַם.
הוּא אָמַר לָהּ, אֲחוֹתִי,
וְגוֹן עֵינֶיהָ הִתְחַלֵּף.

הַמַּיִם שֶׁגָּאוּ
אֶל מוּל עֵינֶיהָ הַשְּׁקֵטוֹת
כִּסּוּ אֶת עֵין הָאָרֶץ, עֵין הַשֶּׁמֶשׁ.
בְּאֹפֶל הַמְּצוּלָה הִיא נִדְהֲמָה לִרְאוֹת
שֶׁמַּרְאִיתָהּ נוֹהֶרֶת שִׁבְעָתַיִם.

אֲהוּבִי, הִיא אָמְרָה לוֹ,
עֵינַי פְּקוּחוֹת מִשֶּׁהָיוּ,
נְשִׁימָתִי צְלוּלָה
וְלֹא אֶקְרָא, לֹא אֶקְרָא
מִתּוֹךְ הַמַּעֲמַקִּים הָאֵלֶּה.

My Beloved Is Mine and I Am His

My love, she wrote.
His voice flowed in the room and she heard
the rivers run to the sea.
It is never full,
it is never full; she almost
wrote her name for his.

Sometimes she was frightened.
He kissed her in his dream
and her forehead was calm as a lake.
He said, *my sister,*
and the color of her eyes changed.

The waters that rose
before her quiet eyes
covered the earth,
the eye of the sun.
In the abyss she was astounded
that her form was more luminous
than ever.

My love, she said,
my eyes are open
as never before,
my breath is lucid,
and I shall not cry,
I shall not cry
from these depths.

שִׁיר שְׁקִיעָה

הַשְּׁקִיעָה הַזֹּאת,
שֶׁיֵּשׁ בָּהּ קְרוֹנוֹת־שֶׁל־נֹגַהּ
וּבְרִית־עוֹלָם וּמַלְאָכִים מְרַנְּנִים
'תִּכּוֹן! תִּכּוֹן!' –
הִיא מָבוֹא לַלַּיְלָה.

הַגֶּשֶׁם הַזֶּה,
הַמַּמְטִיר אוֹצְרוֹת יָרֹק
עַל כָּל עֵץ רַעֲנָן וּמֵעִיר אֶת הָאֲגַם
מִשְּׁנַת הַסְּתָו וְיוֹרֵד וְעוֹלֶה
בְּסֻלַּם גּוּפֵךְ –
הוּא עוֹנָתִי.

וְגַם הַיָּם,
אוֹקְיָנוֹס שֶׁקּוֹלוֹ מוֹלִיךְ אוֹתָנוּ
בִּרְחוֹבוֹת הָעִיר, הַיָּם הַזֶּה
אֲשֶׁר גִּלָּה אֶת אֲפָקָיו, אֶת הַשְּׁתִיקוֹת
שֶׁלֹּא יָדַעְנוּ בָּנוּ –
יֵשׁ לוֹ אָדוֹן.

לָכֵן אֲנִי אוֹמֵר:
אֲהוּבָה, זִכְרִי,
עֶבֶד כִּי יִמְלֹךְ.
הַיָּרֵחַ עוֹד לֹא עָלָה.
הַזִּקִּית אֵינָהּ יוֹדַעַת
מָה הַצֵּו אֲשֶׁר יָבוֹא לָהּ.

This Sunset

This sunset
with its chariots of splendor
and eternal covenants and angels chanting
It will endure, endure!
is a preface to night.

This rain
that showers green
on every tree, and wakes the lake
from its autumn sleep, and climbs
the ladder of your body, up and down,
is seasonal.

And the sea, too,
whose sound leads us
through the city streets, this ocean
that revealed its horizons and the silences
we didn't know were in us
has a master.

That's why I say,
love, remember
the slave turned king.
The moon has not risen.
The chameleon never knows
what's next.

בַּלַּיְלָה הַהוּא

הִיא אָמְרָה לוֹ שֶׁהוּא שִׁמְשָׁהּ,
שֶׁאוֹרָהּ וְחֻמָּהּ וְטוּבָהּ
בָּאִים מִמֶּנּוּ.

הוּא אָמַר לָהּ שֶׁהִיא שִׁמְשׁוֹ,
שֶׁאוֹרוֹ וְחֻמּוֹ וְטוּבוֹ
בָּאִים מִמֶּנָּה.

בַּלַּיְלָה הַהוּא עָלָה יָרֵחַ
שֶׁלֹּא מָצָא אֶת פָּנָיו הַכְּפוּלִים
בֵּין גַּלֵּי הַיָּם.

בְּבֵית הַקָּפֶה

מָה אַתָּה עוֹשֶׂה,
שׁוֹאֵל אוֹתִי יֶלֶד קָטָן.

הוּא מַחֲזִיק זַלְזַל בְּיָדוֹ,
מְכַוֵּן אוֹתוֹ אֵלַי, וְאוֹמֵר

אֲנִי יוֹרֶה.
אֲנִי מַרְאֶה לוֹ אֶת שְׁמֵךְ.

אֲנִי מְכַוֵּן אֶת שְׁמֵךְ
אֶל לִבִּי

(הֲרֵי הוּא יֶלֶד)
וְלֹא אוֹמֵר דָּבָר.

That Night

She said that he was her sun,
that her light and her warmth and her goodness
came from him.

He said that she was his sun,
that his light and his warmth and his goodness
came from her.

That night a moon rose;
it did not find its twin faces
in the sea.

In the Café

What are you doing,
a child asks.

He aims a twig at me
and says

I'm shooting.
I show him your name.

I aim your name
at my heart

(after all, he's a little boy)
and say nothing.

בַּלֵּילוֹת

יֵשׁ סֶדֶק בַּתִּקְרָה.
אִם אֶעֱצֹם אֶת עֵינַי,
הוּא יִתְרַחֵב.
וַדַּאי שֶׁיֵּשׁ נִמְשָׁל.
אֲנִי לוֹפֶת אוֹתָךְ בִּזְרוֹעוֹתַי
וְנוֹתֵן לָךְ
לְיַגֵּעַ אוֹתִי עַד מָוֶת.

דִּבְרֵי לְמוּאֵל

1

בְּנִי, רֹאשְׁךָ יָפֶה בֵּין שָׁדֶיהָ.
הֵם סוֹכְכִים עָלֶיךָ כְּמוֹ כְּרוּבִים.
פָּנֶיךָ, בְּלִי מַסְוֶה, קוֹרְנִים.
לֹא תִירָא רָע. רָע הַדָּבָר.

2

בְּנִי, מָוֶת וְחַיִּים בַּיָּד, בַּלָּשׁוֹן.
הַחַיִּים הֵם מִלּוֹן: יֵשׁ מֻקְדָּם וּמְאֻחָר.
כְּאֵב הַפְּרֵדָה נוֹלָד בְּרֶגַע הַהֶכֵּרוּת:
יָד לְיָד, שֵׁם לְשֵׁם,
וְאַחֲרֵי־כֵן, גַּם פֶּה לְפֶה.

3

חַשֵּׁב הֵיטֵב אֶת צְעָדֶיךָ:
עַד הֵיכָן תַּרְחִיק?
עַד הֵיכָן תִּקְרַב?
בְּאֵיזֶה עֹמֶק תִּתְקַשֶּׁה לִנְשֹׁם?
הַיּוֹם גָּדוֹל, הַלַּיְלָה אֵין לוֹ סוֹף,
אֲבָל הַזְּמַן קָצָר.

At Night

There is a crack in the ceiling.
If I close my eyes,
it will grow.

Of course this metaphor
has a tenor:
I press you to my heart
and let you
tire me to death.

Lemuel's Words

1

My son, your head is beautiful between her breasts.
They shelter you like cherubim.
Your face without a mask is luminous.
You fear no evil. That is evil.

2

My son, death and life are in your hand, your tongue.
Life is an alphabet: ordered, A to Z.
Parting is born of meeting:
hand to hand, name to name.
Mouth to mouth.

3

Plan your way carefully: how far will you go?
How near? At what depth
will you gasp for air?
Through long days, endless nights,
time runs out.

4

בְּנִי, שִׂים לֵב אֶל הַדַּיֶּלֶת:
יָדֶיהָ פְּרוּשׂוֹת אֶל פִּתְחֵי הַחֵרוּם.
לְאַחַר הַהַמְרָאָה נִנְעֶלֶת הַדֶּלֶת.
אִם יֶחְסַר אֲוִיר לִנְשִׁימָה
תִּצְנַח הַמַּסֵּכָה אֶל מוּל פָּנֶיךָ.
אַל תָּבוּז לְמִצְוָה מְלֻמֶּדֶת.
הִכּוֹן לִנְשֹׁם כִּתְמוֹל שִׁלְשׁוֹם.

5

אִישׁ לָבוּשׁ צָעַד לְתוֹךְ הַיָּם:
הַמַּיִם לִטְפוּ אֶת נַעֲלֵי הַיָּגוּאָר,
מִכְנְסֵי הַקּוֹרְדּוּרוֹי כָּבְדוּ,
חֻלְצָתוֹ נִפְרְשָׂה כְּרֶשֶׁת,
צַוָּארוֹ נִמְלַח.
הַפַּחַד נִנְעַץ בְּחִכּוֹ כְּמוֹ קֶרֶס.
בְּנִי, הוּא חִכָּה לָרֶגַע הַזֶּה.
הוּא יָדַע מֵרֹאשׁ
שֶׁהוּא יִסֹּב לְאָחוֹר.

6

בְּנִי, אַל תֹּאמַר 'מַיִם' אַחֲרֵי מֶלוֹן.
הַשֵּׁם הַלּוֹהֵב לוֹחֵשׁ: יֵשׁ אֵפֶר.
כְּאֵב הַפְּרֵדָה נוֹלָד בְּרֶגַע הַהֶכֵּרוּת:
יָד מִיָּד, שֵׁם מִשֵּׁם,
וְאַחֲרֵי־כֵן, גַּם פֶּה מִפֶּה.

7

בְּנִי, שָׁדֶיהָ יָפִים בֵּין פָּנֶיךָ.
קוֹלִי חָג מֵעָלֶיךָ כְּשַׁחַף
אֲבָל אַתָּה, חֵרֵשׁ, הוֹמֶה כַּיָּם.
שְׁמַע, אַל תִּטֹּשׁ, אַל תָּקֹץ, הִנָּצֵל.

4

My son, listen to the stewardess,
her arms extended to the emergency exits.
After take-off, the door is sealed.
Should oxygen be required,
a mask will cover your face.
Do not put aside your old habits:
Prepare to breathe as usual.

5

A man walked into the sea.
The water caressed his suede shoes;
his corduroy pants grew heavy;
his shirt spread like a net;
his neck was salt.
Fear found his palate like a fishhook.
My son, he waited for that moment.
He knew in advance
that he would turn back.

6

My son, don't drink water after watermelon.
The burning name whispers: it is ash.
Parting is born of meeting:
hand from hand, name from name.
Mouth from mouth.

7

My son, her breasts are beautiful between your faces.
My voice is a gull circling above you
but you are deaf, tumultuous as the sea.
Listen. Beware. Stop. Save yourself.

פּוּרָה, שַׂר־שֶׁל־שִׁכְחָה, מְבַקֵּשׁ עַל נַפְשׁוֹ

אֲנִי רָעֵב, וְגַם עָיֵף.
אַתְּ גּוֹזֶלֶת אֶת פִּתִּי מִפִּי.

כְּבָר שָׁבוּעוֹת שֶׁאֲנִי עוֹמֵד
כָּאן, אַחַר דַּלְתֵּךְ,
מְצַפֶּה לְפֵרוּר שֶׁל שִׁכְחָה,
לְקַמְצוּץ שֶׁל גִּמְגּוּם,
לְמִצְמוּץ שֶׁל הִסּוּס –

אֲבָל אַתְּ זוֹכֶרֶת הַכֹּל.
אַתְּ מְשַׁנֶּנֶת בְּלִי הֶרֶף
אֶת שָׁכְבוֹ וְאֶת קוּמוֹ
(צִפֳּרִים, צוֹפָרִים, צַפְרִירִים),
אַתְּ מְדַבֶּרֶת בְּקוֹלוֹ הָעֵר, הַיָּשֵׁן,
אַתְּ כּוֹתֶבֶת אֶת שְׁמֵךְ בַּחֲתִימַת־יָדוֹ.

יָדָיו, שׁוֹקָיו, בִּטְנוֹ,
אַגַּן־הַסַּהַר וְעִזִּים גּוֹלְשׁוֹת,
הַחַי וְהַדּוֹמֵם,
חַי שֶׁנָּדַם, דּוֹמֵם שֶׁקָּם וָחַי –
הַכֹּל זָכוּר לְתַאֲוָה:
יוֹם־שִׁמּוּרִים אָרֹךְ,
לֵיל־זִכָּרוֹן שֶׁאֵין לוֹ סוֹף.

אֲנִי אוֹכֵל אֶת עוֹר שִׁנַּי
בַּפְּרוֹזְדוֹר הַקַּר,
וְאַתְּ, קוֹרֶנֶת, יוֹשֶׁבֶת לָךְ בָּאֲפֵלָה
(כֵּן, מוֹצַרְט, מַרְצִיפָּן וְצִפָּרְנַיִם)
וּמַקְרִינָה שָׁם מַעֲשֵׂי־בְּרֵאשִׁית:
אֵיךְ וּמָתַי – וְשׁוּב וָשׁוּב –
הָיִית לוֹ שֶׁמֶשׁ, גַּם יָרֵחַ,
וְהוּא לָהַב, שָׁכַךְ, נִמְלָא, נֶחְסַר
כַּשֶּׁמֶשׁ, כַּיָּרֵחַ.

לֹא תוּכְלִי לַעֲמֹד בְּכָךְ.
שִׁמְעִי בַּעֲצָתוֹ
שֶׁל שַׂר וָתִיק וּמְנֻסֶּה:
יֵשׁ חָק־עוֹלָם;
בָּשָׂר וָדָם לֹא יִנָּקֶה;

Purah, the Lord of Oblivion, Pleads for His Life

I'm hungry—and tired.
You're stealing the bread from my mouth.

For weeks now I've been standing
behind your door,
yearning for a crumb of oblivion,
a shred of hesitation,

but you remember.
You rehearse unendingly
his lying down and rising up
(birds, sirens, zephyrs),
you speak in his sleeping and waking voice;
you sign your name in his handwriting.

His hands, his legs, his belly,
round goblets and flocks of goats,
animal, mineral,
life that fell still, matter that came alive—
an endless day of vigil,
a night of memory.

I eat the skin of my teeth
in the cold hallway,
and you, radiant, sit there in the darkness
(Mozart, marzipan, and marigolds)
screening the mysteries of creation:
how and when (again and again),
to him you were sun and moon
as he flamed and abated, filled and ebbed.

You won't hold out.
Listen to the advice
of a veteran lord:
there are fixed laws;
flesh and blood cannot be pardoned.

עָלַיִךְ לְהִנָּפֵשׁ.
חוּסִי עָלַי.
הֲרֵי יָדַיִךְ צוֹנְחוֹת.
אִם רַק תַּדְלִיקִי אֶת הָאוֹר,
אִם תִּזְכְּרִי אֶת שְׁמֵךְ
בְּלִי טַעֲמֵי־קוֹלוֹ,
אִם תִּתְּנִי לַסָּפֵק הָרַךְ לְנַקֵּר
(הַאִם אָמַר אֶת שְׁמִי
בִּשְׂפַת אִמּוֹ?) –
תִּנָּתֵן לִי רְשׁוּת לַהֲרֹס
אֶל חַדְרֵךְ.

הוֹ, אֲנִי, פּוּרָה,
אָצִיף אוֹתָךְ בְּאשֶׁר וּנְהָרָה
וְאַחֲזִיר לָךְ אֶת פָּנַיִךְ בַּמַּרְאָה
(הֲרֵי עָיַפְתְּ, עָיַפְתְּ
מִכֶּפֶל דְּמוּת וָקוֹל);
אֲנִי אָשִׁיב אוֹתָךְ
אֶל אֶרֶץ הַחַיִּים:
שֶׁמֶשׁ בַּיּוֹם שֶׁהוּא יוֹם,
וְיָרֵחַ בַּלַּיְלָה.

הַצִּילִי אֶת נַפְשֵׁךְ,
מַהֲרִי,
עוֹד מְעַט יִכְלוּ כֹּחוֹתַי.
פִּתְחִי לִי, אֲחוֹתִי,
כִּי עוֹד מְעַט אֶשְׁכַּח
מִנַּיִן, וּלְאָן, וּלְשֵׁם מָה.

Rest
and pity me.
Look, your hands are falling.
If you turn on the light;
remember your name
without the music of his voice;
and allow gentle doubt to burrow
(did he ever say my name
in his mother tongue?)—
I will be authorized to charge
into your room.

Oh, I, Purah,
will flood you with joy and streaming light
and return your face in the mirror.
(You're tired, tired
of multiple images and voices.)
I will bring you back
to the land of the living:
sun by day, moon by night.

Save your soul,
quickly.
I'm losing my strength.
Open to me, my sister,
for soon I will forget
from where
to where
and why.

שִׁיר יְדִידוּת

מַה תַּעֲשֶׂה, יְדִידִי הַטּוֹב,
אִם הַשְּׁחָפִים יִקְרְבוּ אֵלֶיךָ?

הַאִם תָּסֵב לָהֶם גַּב מִבֹּעַת וְקָטֵן?

הַאִם תַּחְשֹׂף אֶת עֵינֶיךָ וְתֹאמַר:
קְחוּ, קְחוּ, בֵּין כֹּה וָכֹה
כְּבָר אֵין בָּהֶן חָדָשׁ.

אוֹ שֶׁמָּא תַּכְנִיס אֶת יָדֶיךָ לַכִּיסִים
וְתֹאמַר: רֶגַע אֶחָד, רֶגַע אֶחָד,
נַגְּנוּ לִי שׁוּב אֶת הַצְּרִיחָה הַזֹּאת,
חוּגוּ מֵעָלַי וּמִסְּבִיבִי,
וּקְצָת יוֹתֵר יָם,
בְּבַקָּשָׁה.

עַכְשָׁו שֶׁאֲנִי מִסְתַּכֵּל בְּעֵינֶיךָ מִקָּרוֹב,
אֲנִי יוֹדֵעַ, יְדִידִי הַטּוֹב,
שֶׁאַתָּה תִּתֵּן לָנוּ דְּמֵי־שְׁתִיָּה.

שִׁיר קָצָר

אֵין עָמֹק מִשְּׁנָתֵךְ
וְאֵין עֵר מִיָּדַי
אֵין שָׁלֵם מִלֵּילֵנוּ הַזֶּה.

כָּל הָרוּחוֹת
אוֹמְרִים טְלָלִים
כַּגּוּף – אַהֲבָתוֹ.

אֵין קָצָר מִשִּׁירִי
הַסּוֹכֵךְ עַל שְׁנָתֵךְ
מִיָּדַי.

Song of Friendship

What will you do, my good friend,
if the gulls close in on you?

Will you run, terrified, your back shrinking?

Will you bare your eyes and say:
"Take them; they're yours;
there's nothing new in them"?

Or perhaps you will put your hands in your pockets
and say: "One moment, one moment—
play that screech for me again.
Circle above and around me.
And a bit more sea, please."

Now that I look closely at your eyes
I know, my good friend,
that you will throw us a few crumbs.

Short Song

Nothing is deeper
than your sleep,
nothing quicker
than my hand,
nothing more complete
than our night.

All the winds
say dews;
the body, love.

Nothing is shorter
than my song;
it guards your sleep
from my hand.

שִׁיר עֶרֶשׂ

הַקֵּץ הֵקִיץ. עָלֵינוּ לִישֹׁן.
לֹא נוּכַל לְהִשָּׁאֵר עֵרִים בְּכֹחַ.

אַתְּ זוֹכֶרֶת: הָיִינוּ עֵינַיִם.
לֹא הָיָה שִׁעוּר לָאוֹר
שֶׁיָּכֹלְנוּ לְהָכִיל.
עַכְשָׁו עָלֵינוּ לְהֵעָצֵם.

אַתְּ זוֹכֶרֶת: מַעְיָן מִתְגַּבֵּר.
לֹא הִתְפַּלֵּאנוּ שֶׁמַּלְאֲכֵי־שִׁיר
נִבְרָאִים בְּמַאֲמָר.
עַכְשָׁו עָלֵינוּ לְהֵאָלֵם.

יוֹם רָדַף לַיְלָה,
וְלַיְלָה הָפַךְ לְרוֹדֵף.
שָׂחַקְנוּ לְצוֹק הָעִתִּים.
עַכְשָׁו עָלֵינוּ לְכַוֵּן אֶת הַשָּׁעוֹת.

הֵקִיץ הַקֵּץ. עָלֵינוּ לִישֹׁן.
שְׂמֹאלֵךְ בִּימִינִי, עַכְשָׁו, לֹא בְּכֹחַ.

Lullaby

The end has come. We must sleep.
We can't force ourselves to stay awake.

You remember: we were eyes.
There was no limit to the light
we could hold.
Now we must close.

You remember: a perennial fountain.
We didn't wonder that singing angels
are born of words.
Now we must be silent.

Day pursued night
and night turned in pursuit.
We laughed at time's troubles.
Now we must move the hours.

The end has come. We must sleep,
your left hand in my right hand,
without force.

VII סְקִיצוֹת לְפּוֹרְטְרֶט

VII SKETCHES FOR A PORTRAIT

סְקִיצוֹת לְפּוֹרְטְרֶט

1

בְּרֶגַע שֶׁלָּמַד לָלֶכֶת
נִסָּה לִבְרֹחַ מֵאִמּוֹ.
הוּא הִתְגַּלְגֵּל בְּמוֹרַד הַמַּדְרֵגוֹת
וְהִיא, לְהָשִׁיב בּוֹ רוּחַ חַיִּים,
שָׁפְכָה עָלָיו סִיר שֶׁל מַיִם רוֹתְחִים.
מִכָּאן הָעוֹר הַפָּגוּם,
מִין קְרוּם הַגָּדֵל פֶּרֶא,
עַל כְּתֵפוֹ הַשְּׂמָאלִית.

2

לִפְעָמִים הוּא חוֹשֵׁב:
לֹא יִבְרַח אִישׁ כָּמוֹנִי.
הוּא מְשַׁנֵּס אֶת מָתְנָיו,
וּמְסוֹבֵב אֶת גַּלְגַּלֵּי־עֵינָיו
כְּמוֹ בַּעֲלַת־אוֹב:
אֲבָל הוּא אֵינֶנּוּ יָכוֹל לְהִזָּכֵר
לֹא בְּיוֹם מוֹתָהּ
וְלֹא בִּמְקוֹם קְבוּרָתָהּ.

3

אַחַר־כָּךְ חָמַק בֵּין רַגְלֵי אָבִיו
כְּשֶׁחֲגוֹרַת־הַזַּעַם מִתְהַפֶּכֶת
מֵעַל רֹאשׁוֹ הָעֲגַלְגַּל.
הַלַּהַט הָיָה מְסַנְוֵר.
הָאֲוִיר זָב דָּם
וְאִישׁ לֹא טָרַח לְנַקּוֹת
אֶת אֲחוֹרֵי הַסַּפָּה.
מִכָּאן הַמִּצְמוּץ הַחוֹזֵר,
כְּמוֹ נֵיאוֹן חוֹלֶה,
בְּעֵינוֹ הַיְמָנִית.

Sketches for a Portrait

1

As soon as he learned to walk
he tried to dodge his mother.
He tumbled down the stairs
and she, rushing to revive him,
poured boiling water over him.
That's why a blemish grew
like a wild membrane
on his left shoulder.

2

At times he thinks:
It's not my style
to run away.
He girds his loins,
and rolls his eyes
like a necromancer,
but he cannot recall
when she died
or where she was buried.

3

Later he squirmed
through his father's legs
as a gleaming buckle cracked
over his round head.
The glare was blinding.
The air bled
and nobody bothered to clean
the back of the sofa.
That's why he has a squint,
like a neon bulb sputtering,
in his right eye.

4

שֶׁלֹּא כְּאָבִיו
מֵעוֹלָם לֹא הִכָּה אֶת בָּנָיו.
עוֹד לִפְנֵי שֶׁנּוֹלְדוּ נָדַר נֵדֶר:
לֹא יַכֶּה אִישׁ כָּמוֹנִי.
לָמָּה, אִם־כֵּן, הוּא בּוֹדֵק אֶת גֵּוָם,
בּוֹהֶה בְּעֵינֵיהֶם?
הוּא מְקַמֵּץ אֶת אֶגְרוֹפָיו,
מְקַמֵּץ בְּדִבּוּרוֹ.
הוּא יוֹדֵעַ, בֵּין מִצְמוּץ לְמִצְמוּץ,
כִּי גַם הַשְּׁתִיקָה הִיא עַקְרָב.

5

בְּגִיל הַהִתְבַּגְּרוּת
הִתְאָרֵךְ לְפֶתַע צִלּוֹ.
הָעֹמֶס הָיָה גָּדוֹל מִדַּי
וּנְשִׁימָתוֹ הִתְקַצְּרָה.
עַד הַיּוֹם הוּא מִתְקַשֶּׁה
לְדַבֵּר בְּקוֹל.
הוּא חָרֵד מִן הַהֵד
אֲבָל אֵינֶנּוּ יָכוֹל
לִלְחֹשׁ בִּלְעָדָיו.
הוּא מְפַחֵד מִן הַמַּרְאָה
אֲבָל אֵינֶנּוּ יָכוֹל
לִקְרֹא בִּלְעָדֶיהָ.

6

רָעָה חוֹלָה, רָעָה חוֹלָה.
בֵּין אִם מְדֻבָּר בִּכְתֻבָּה,
בִּשְׁטַר־חוֹב,
בְּחוֹזֵה־שְׂכִירוּת אוֹ מִכְתַּב־יְדִידוּת –
הַכָּתוּב מִתְרַחֵב, מִתְעַמְעֵם
וְהוּא מְסֻגָּל לִקְרֹא
רַק בֵּין הַשִּׁטִּין.
לָכֵן יָצָא שִׁמְעוֹ לְמֵרָחוֹק,
בְּעִקָּר בֵּין קְרוֹבָיו,
שֶׁהוּא מֵיטִיב לְהַקְשִׁיב.

4

Unlike his father,
he never beat his sons.
Even before they were born
he vowed not to.
Why, then, does he peer at their bodies
and stare into their eyes:
He clenches his fists
and bites his tongue.
He knows, between squints,
that silence, too,
may be a scorpion.

5

When he was sixteen,
his shadow lengthened suddenly,
a heavy weight. He was short of breath.
To this day, he can hardly
raise his voice.
He fears echoes, but cannot even
whisper without them.
He fears mirrors, but cannot
read without them.

6

What to do? What to do?
Whether he reads a marriage contract,
an I.O.U., a love letter,
the writing widens and blurs;
he can read only between the lines.
That's why his intimate relatives, especially,
think he listens well.

7

כְּשֶׁנָּשָׂא אֶת אִשְׁתּוֹ הָרִאשׁוֹנָה
שָׂם אֶת עֵינָיו לְמַעְלָה
וְלִבּוֹ לְמַטָּה.
הַטֶּקֶס הָיָה פָּשׁוּט וּמְלַבֵּב
וְאִישׁ לֹא שָׂם לֵב
שֶׁהוּא נָגוּעַ בִּפְזִילָה מַמְאֶרֶת.

8

רַק הַיָּרֵחַ הָיָה מֵבִין אוֹתוֹ.
בֵּין גֵּאוּת לְשֵׁפֶל הָיָה מִתְפַּנֶּה
לְהַחֲלִיף עִמּוֹ קְרִיצוֹת־אַחֲוָה.
הוּא הָיָה עוֹמֵד עַל הַחוֹף וְקוֹרֵא:
מָלֵא! מָלֵא!
כָּמוֹךָ הוּא יֶחְסַר
וְיִקְטַן וְיִדַּל,
אֲבָל שֶׁלֹּא כָּמוֹךָ
הוּא שׁוּב יִמְלָא
וְיִכְפֶּה עָלַי לִצְוֹחַ
כְּמוֹ צִפּוֹר חוֹלָה:
מָלֵא!

9

הוּא יוֹדֵעַ שֶׁהוּא מְדַבֵּר בִּשְׁנָתוֹ
אֲבָל אֵינֶנּוּ יוֹדֵעַ בְּאֵיזוֹ שָׂפָה.
בַּבֹּקֶר הוּא מִסְתַּכֵּל בְּפָנֶיהָ לִרְאוֹת
אִם אָמַר, מָה אָמַר.
הַתּוֹתֶבֶת זָזָה בְּפִיו בִּשְׁנָתוֹ,
גַּם הַמִּלִּים.
הַמִּזְוָדָה אֲרוּזָה,
הַדַּרְכּוֹן בַּר־תֹּקֶף.

7

When he married his first wife
he lifted his eyes
and lowered his heart.
The ceremony was simple,
and nobody noticed that he was
severely cross-eyed.

8

Only the moon understood him.
Between high and low tides
he would exchange winks with it.
He would stand on the shore and cry out:
"Full! Full!"
Like my love, you will wane,
shrink, and fade,
but, unlike my love,
you will grow full again,
and force me to scream,
like a sick bird: "Full!"

9

He knows he talks in his sleep,
but not in which language.
Mornings he looks into her eyes
to see if he spoke,
and what he said.
False teeth move
in his sleeping mouth
as do the words.
Clearly the suitcase is packed,
and the passport valid.

10

כַּאֲשֶׁר הִתְכּוֹנֵן לְהִתְחַתֵּן בַּשְּׁנִיָּה,
קָבַע תּוֹר אֵצֶל מְנַתֵּחַ פְּלַסְטִי.
לְאַחַר־מִכֵּן הִתְמַסֵּר לְטִפּוּלוֹ
שֶׁל רוֹפֵא־עֵינַיִם.
בְּלֵיל־כְּלוּלוֹתָיו
חָשַׂף אֶת כְּתֵפוֹ הַבּוֹהֶקֶת
וְהֵישִׁיר מַבָּט בְּלִי לְעַפְעֵף.
יָרֵחַ מָלֵא בֵּרַךְ אֶת לֵילוֹ.
הוּא לֹא גִמְגֵּם
וְלֹא בָּרַח,
אֲבָל הוּא הִתְעַיֵּף. מְאֹד.

11

הָרוֹפְאִים הָיוּ אוֹבְדֵי־עֵצוֹת.
בְּבֹקֶר לֹא־עָבוֹת
פָּרְחָה לְפֶתַע הַצַּלֶּקֶת
כְּמוֹ הַרְכָּבָה שֶׁל עֵץ נָגוּעַ.
הַמִּצְמוּץ חָזַר.
גַּם כְּשֶׁכִּסּוּ אֶת רֹאשׁוֹ
בְּכִלָּה שְׁחֹרָה
הוֹסִיף לְהַשְׁמִיעַ צִיּוּצֵי חֶדְוָה.
כָּל עַצְמוֹתָיו אָמְרוּ,
אֶצְבְּעוֹתָיו מוֹלְלוּ,
הַמִּצְמוּץ פָּשָׂה בְּגוּפוֹ כְּקַדַּחַת.
הוּא נִהֵל שִׂיחוֹת מְמֻשָּׁכוֹת
עִם רַמְזוֹרִים בָּרְחוֹב.

12

גּוּף זָר.
גּוּף זָר חָדַר לְעֵינָיו
(כָּךְ קָבְעוּ בְּבֵית־הַחוֹלִים)
וּמִשָּׁם לִגְרוֹנוֹ
וּמִשָּׁם לְיָדָיו.
גּוּף זָר חוֹצֵץ בֵּינוֹ
לְבֵין הַשֻּׁלְחָן, הַצִּפּוֹר וְגוּפָהּ.
כַּאֲשֶׁר יִגַּע
(כָּךְ קָבְעוּ עַל סָמַךְ הַצִּלּוּמִים)
הוּא חָשׁ אֶת הַגּוּף הַזֶּה,
רַק אוֹתוֹ,
כְּמַעֲטֶה שֶׁל גֶּבֶס.

10

Preparing for his second marriage,
he made a date with a plastic surgeon,
then submitted to an eye doctor.
On his wedding night, he bared his shining shoulder
and looked her straight in the eye.
A full moon blessed his night.
He didn't stammer or run away,
but grew tired to the death.

11

The doctors were at a loss.
Early one morning the scar flowered
like the graft of a dying tree.
The squint returned. Even when they covered
his head with a black hood
he continued chirping. His bones spoke,
his fingers quivered.
The squint spread through him
like a fever. He conversed at length
with street signals.

12

A foreign body penetrated
his eyes (so they said in the hospital),
and from there to his throat,
and to his hands;
a foreign body cut him off
from the table, the bird, and her body.
Whatever he touches, said the x-rays,
he feels only this foreign body
coating his hands like plaster.

13

תֵּצֵא אֶל חֵיק הַטֶּבַע
(אָמַר לוֹ הָרוֹפֵא בְּרֹךְ),
תָּלוּן בַּכְּפָרִים,
תִּשְׁאַף אֲוִיר הָרִים,
תִּשְׁתֶּה חָלָב וּדְבַשׁ.
אֲבָל עָלֶיךָ לִזְכֹּר
שֶׁהַטֶּבַע אֵין לוֹ חֵיק
וּמִי שֶׁמַּחֲזִיק בְּמַאֲמָר מֻשְׁאָל
עוֹבֵר עַל הַחֹק.
וְהָעִקָּר, אֹרֶךְ־רוּחַ.
לַכֹּל עֵת.
גּוּף זָר סוֹפוֹ לְהִפָּלֵט.

14

בֹּקֶר אֶחָד רָאָה
שֶׁלּוּחִית הַשָּׁעוֹן חֲלָקָה כְּקִיר.
מִיָּד יָדַע שֶׁאָסוּר לוֹ
לְהִסְתַּכֵּל בִּפְנֵי הַמַּרְאָה,
בִּפְנֵי אִשְׁתּוֹ וִילָדָיו.
בְּסוֹכְנוּת־הַנְּסִיעוֹת הוּא בִּקֵּשׁ פְּרָטִים
עַל אֶרֶץ שֶׁאֵין בָּהּ אֲגַמִּים,
הֵדִים, חַיּוֹת־בַּיִת.
הַפְּקִידָה חִיְּכָה אֵלָיו
וְהוּא הֶרְאָה לָהּ אֶת קְצֵה כְּתֵפוֹ.
הוּא יָצָא מִשָּׁם עָמוּס בְּרוֹשׁוּרוֹת
וְלוּחוֹת זְמַנִּים
וְעִקְּבוֹתָיו, פָּשׁוּט, נֶעֶלְמוּ.
הַמִּזְוָדָה שֶׁהוֹתִיר אַחֲרָיו
הָיְתָה מְלֵאָה מְחוּגִים צִבְעוֹנִיִּים,
כְּמוֹ חֲדַר־יְלָדִים צוֹהֵל,
לְמִנְיַן שָׁעוֹת, שְׁנִיּוֹת,
עוֹנוֹת הַשָּׁנָה וּמַחֲזוֹרֵי הַיָּם,
הֶפְרֵשֵׁי הַשָּׁעוֹת בְּבִירוֹת הָעוֹלָם,
חוּט־הַשַּׂעֲרָה שֶׁל סְטוֹפֶּר,
לַחַץ הַדָּם, מֶשֶׁךְ הַזִּכָּרוֹן
וּפְעִימוֹת הַיָּרֵחַ.

13

"Rest in the heart of nature,"
the doctor said gently.
"Sleep in the villages,
breathe mountain air,
drink milk and honey. But remember,
nature has no heart.
Whoever worships an image
violates the law.
And, above all, be patient.
Everything in due time.
Foreign bodies are,
ultimately,
rejected."

14

One day he saw
that his watch was faceless.
He understood immediately
that he must not look in the mirror,
or at his wife and children.
In the travel agency,
he asked for details
about a country without lakes,
echoes, or domestic animals.
The agent smiled at him,
and he showed her
the tip of his shoulder.
He left, burdened with brochures,
and schedules,
and he was never seen again.

The suitcase he left behind
was full of colored hands,
like a children's playroom,
for counting hours, minutes,
seasons and tides,
time lags in world capitals,
the split-second of a stopwatch,
blood pressure, memory's duration—
and moonbeats.

VIII דִּין

VIII JUDGMENT

הַצְהָרָה

הָרוּחַ לֹא תִשָּׂא לִי חֶסֶד
אִם אֶסְגֹּר אֶת הַחַלּוֹן
וְהַתַּנִּים יֵלְכוּ אֶל הַר אַחֵר
אִם אָגִיף אֶת הַתְּרִיסִים.

הַכּוֹכָבִים יַזְעִימוּ עַפְעַפַּיִם
אִם אֶעֱצֹם עֵינַי
וְסַהַר יְשַׁלַּח בִּי חֲרוֹנִים
אִם לֹא אֵרֵד לַיָּם.

לָכֵן אֲנִי יוֹשֵׁב כָּאן עַל הַחוֹף
גּוֹאֶה וּמְיַלֵּל
וּלְשׁוֹנוֹת־הַסַּעַר מְלַקְקוֹת
אֶת עֵינַי הַצְּרוּבוֹת.

לְבַד

עַכְשָׁו אֲדַבֵּר אֶל צִדֵּךְ הָאָפֵל,
אַשְׁקִיעַ אֶת רֹאשִׁי בְּרַקָּתֵךְ וַאֲמַלֵּל
כְּאִלּוּ אֵין שׁוֹמֵעַ;
כְּאוֹהֵב הַגּוֹחֵן
עַל פָּנֶיהָ בִּשְׁנָתָהּ; כְּאָב הַבּוֹחֵן
פָּנִים שֶׁל בֵּן בְּדִמְמַת הַלֵּיל.

Credo

The wind will not favor me
if I shut the window,
and the jackals will go to another mountain
if I slam the shutters.

The stars will look down in anger
if I close my eyes,
and the moon will rage at me
if I don't go down to the sea.

That's why I sit on shore,
tide wailing through me,
the storm's tongues
lapping
my scorched eyes.

Alone

Now I will speak to your dark side.
I will sink my head into your temple and whisper
as if there were no listener,
                              like a lover bending
over her face in her sleep; like a father peering
silently at the face of his son at night.

דִּין

אֲנִי יוֹשֵׁב עַל הַסִּפּוּן, וְרוֹאֶה:
מַעֲשֵׂי יָדֵינוּ טוֹבְעִים בַּיָּם.

הַמַּעֲשִׂים וְהַיָּדַיִם,
מִלִּים מִפֶּה אֶל פֶּה,

מִצְחֵק כְּשֹׁף הַשְּׁאֵלָה,
עַיִן בְּעַיִן, עֵר וְיָשֵׁן,

וְאֵין מַבְדִּיל
בֵּין שְׁמֵי־הַיּוֹם לִשְׁמֵי־הַלַּיְלָה –

כֻּלָּם טוֹבְעִים בַּיָּם הַזֶּה
הַגָּדֵל לְעֵינֵינוּ.

אֲנִי אוֹמֵר שִׁירָה
כִּי אֵין לָנוּ שָׂפָה אַחֶרֶת.

אִלּוּ נִמְצְאָה לָנוּ
אוּלַי לֹא הָיִינוּ נִדּוֹנִים בְּמַיִם.

Judgment

Sitting on the bow, I see
the deeds of our hands drowning in the ocean.

The deeds and the hands,
words from mouth to mouth,

your forehead when the question ebbs,
eye to eye, awake and asleep,

and no border between
the skies of day and night—

all, all drowning in the ocean
that swells before our eyes.

I sing
because there is no other language.

If we had one
perhaps we would not be tried by water.

בָּרוּךְ מְשַׁנֶּה הַבְּרִיּוֹת

1

הוּא הִשְׁתַּנָּה.
הוּא חָמַק מֵעוֹנָה לְעוֹנָה.
הוּא הָפַךְ אֶת עוֹרוֹ
לִפְנֵי שֶׁהִגִּיעַ תּוֹרוֹ.
הוּא פָּשַׁט בְּלֹא־עֵת, וְעַל כֵּן
הוּא צָעִיר מִדַּי, וְזָקֵן.

2

הוּא לֹא יִתָּכֵן.
הוּא הִפְסִיק לְעַשֵּׁן.
הוּא מְחַיֵּךְ מִתּוֹךְ שֵׁנָה,
שׁוֹתֶה קָפֶה בְּלִי סֻכָּר.
הוּא עֵר וְיָשֵׁן.

הוּא מְעוֹרֵר בָּהֶם שִׂמְחָה וַחֲשָׁד
כְּמוֹ מַטְבֵּעַ חֲדָשָׁה מִדַּי.

3

הוּא הִשְׁתַּנָּה.
הוּא חוֹשֵׁב שֶׁקּוֹמָתוֹ גָּבְהָה.
הוּא מְדַבֵּר אֶל הַמַּרְאָה
בְּגוּף רִאשׁוֹן.
הוּא מַרְאֶה לָהּ אֶת הַמַּסֵּכָה הַיְשָׁנָה
בְּגַאֲוָה:
כְּמוֹ תַּלְתַּלִּים שֶׁל הוֹלוֹפֶרְנֵס.

4

אֲוִיר אַחֵר
קוֹרֵן עַל עוֹר פָּנַי,
מַבָּט אַחֵר חוֹזֵר,
וּמְבָרֵךְ.

Blessed Is He Who Changeth Creatures

1

He has changed,
slithered from season to season.
He shed his skin
before his turn. And that's the reason
he is young too old.

2

He cannot be.
He stopped smoking.
He smiles in his sleep,
and drinks coffee without sugar.

He arouses joy and suspicion
like a shiny coin.

3

He has changed.
He thinks he has grown.
He speaks to the mirror
in the first person.
He shows her his old mask proudly—
like the curly head of Holofernes.

4

A different air
shines on my face,
another look returns
and blesses.

אֵלֶּה הֵם קְרוּאַיִךְ:
אוֹר וַאֲוִיר,
נוֹהֲרִים אֶל חֲדָרַי הַמְרֻוָּחִים,
מְשַׁנְּנִים דּוּמָם
שֶׁאַתְּ הֶחֱלַפְתְּ בִּי אֶת מַחֲזוֹר הַדָּם.

אֲנִי זוֹכֵר,
אֲנִי מֵאִיר לָהֶם פָּנִים
בְּאוֹר מָלֵא וּבְמִנְהָרוֹת שֶׁל תַּרְדֵּמָה.
אַל תָּשִׂימִי לֵב לַהֲדְהוּד הֶעָמוּם:
יֵשׁ, כַּנִּרְאֶה, כַּמָּה כַּדּוּרִיּוֹת יְשָׁנוֹת
שֶׁמִּתְעַקְּשׁוֹת לְהַמְשִׁיךְ בַּמִּשְׂחָק הַיָּשָׁן.

בְּכָל עֵת

כַּף יָדֵךְ קְטַנָּה מִשֶּׁלִּי.
אֲבָל אֲנִי רוֹאֶה אֶת גּוּפֵךְ
מִסּוֹף עוֹלָם עַד סוֹף עוֹלָם.

אַתְּ מְדַבֶּרֶת בְּשֶׁקֶט.
אֲנִי שׁוֹמֵעַ אֶת קוֹלֵךְ
כְּרַעַם לֵילִי עַל פְּנֵי הַיָּם.

הַהַגְדָּלָה מַטִּילָה מוֹרָא.
אֲנִי קָרֵב, אֲנִי רָחֵק – לַשָּׁוְא;
הָאוֹתִיּוֹת פָּשְׁטוּ צוּרָה.

אֵין בָּךְ מִרְמָה.
אֲבָל אַתְּ אוֹרֶבֶת לִי בְּכָל הַמַּעֲבָרִים,
בֵּין הַשְּׁמָשׁוֹת, בֵּין כֶּלֶב לִזְאֵב.

These are your messengers:
Light and air,
streaming into my spacious rooms,
repeating silently
that you have replaced my blood.

I remember;
I welcome them
in full light and in tunnels of sleep.
Don't heed the dull thud:
There are a few stubborn corpuscles,
playing the old game,
that bounce back.

At All Times

Your hand is smaller than mine,
but I see your body
from one end of the world to another.

You speak quietly,
but I hear you
in thunder over the sea.

The enlargement terrifies.
I move near or far,
but I can't decipher the writing.

There's no deception in you,
but you ambush me in mountain passes,
between daybreak and dawn,
between the dog and the wolf.

שׁוּבוֹ

לֹא הִצְהִיר עַל שׁוּבוֹ,
לֹא דָפַק בַּדֶּלֶת הַפְּתוּחָה.

בְּאֵין שׁוֹמֵעַ וְרוֹאֶה נִכְנַס,
נִצַּח עַל מַגַּע־גֵּוֵנוּ;

נִצְמַד אֶל עֵינַי,
עֲצוּמָה עַל מִצְחֵךְ;
נִצְמַד אֶל יָדֵךְ,
פְּקוּחָה עַל אָזְנִי.

נִרְכַּנּוּ אֶל בּוֹאוֹ
כְּהִצָּמֵד גִּבְעוֹל אֶל מַשָּׁבוֹ

וְכָל דְּבָרֵינוּ אֲמוּרִים בַּשֶּׁקֶט,
שֶׁחָזַר.

עוֹד שִׁיר עַל יָרֵחַ

אֲנִי שׁוֹמֵעַ אֶת הַיָּם.
לֹא אֶגַּשׁ אֵלָיו הַלַּיְלָה.
אֲנִי שׁוֹמֵעַ מַשָּׂאִיּוֹת בְּדֶרֶךְ הַמֶּלֶךְ.
הַמֶּלֶךְ מֵת.
אֲנִי זוֹכֵר אֶת גּוּפֵךְ
מְפֹרָשׂ בָּאֲפֵלָה הַמְּלֵאָה.

פְּרָט

רֶגֶב עָפָר זָעִיר –
בַּמֶּה כֹּחוֹ?
בְּנוּחוֹ עָלֶיךָ.

Its Return

It didn't announce its return,
or knock on the open door.

Unheard and unseen, it came in,
conducted the touch of our bodies,

clung to my eye
that closed on your forehead,
and clung to your hand
that opened on my ear.

We bent to its coming
as grass bends to the wind,

our words said in the silence
that returned.

Another Song about the Moon

I hear the sea.
I won't go there tonight.
I hear trucks on the king's highway.
The king is dead.
I remember your body,
ineffable,
in full darkness.

Fragment

A tuft of earth;
what is its strength?
Its weight upon you.

Notes

I AT THE STONE OF LOSSES

Song of Thanks

"Thanks": *todá*, besides meaning "thanks" and "praise," is also the name of a sacrifice of thanksgiving offered in the Jerusalem Temple.

"White fire on black sky": according to legend, the Ten Commandments were inscribed in white fire on black fire.

"Treasurehouse of electrum": *ḥashmál*, the modern Hebrew word for electricity, first found in the chariot vision of Ezek. 1:4, is translated variously as "electrum," "beryl," and "amber."

Adam Explains His Silence

"Creation was deafening." The first stanza refers to legends that on the second day of Creation the waters refused to be separated into "upper and lower waters," and almost caused the destruction of the world by arousing God's anger. Originally, the sun and moon were of equal size. For the sin of wanting to be larger than the sun, the moon was punished, and diminished to one-sixtieth of its light. (Louis Ginzberg, *The Legends of the Jews*, 7 vols. [1909–38; reprint ed., Philadelphia: Jewish Publication Society, 1968], 1: 14–15, 18, 23–24.)

"Fruitless trees." An old midrashic adage holds that fruit trees are silent, having no need to attract attention, while barren trees feel compelled to be raucous.

Eve Knew

"The letters brandished their thorns." The Hebrew letters in the handwritten scroll of the Torah have tips that are called "thorns." The line refers to another Creation legend in which the letters quarrel before God, each demanding that the world be created through it.

"Torrent": *zirmá*. In Ezek. 23:20, the word refers to a flood of semen: ". . . whose issue (*zirmatám*) is like the issue of horses."

"A model garden": *gan*, which means "garden" and "kindergarten."

"An exemplary mother. Happy are all living things!" The Hebrew line plays on the expression in Gen. 3:20, *em-kol-ḥai*, "mother of all living things."

This Is Your Captain

"Heaven's gates are fire and water": a quotation from a liturgical poem by Simeon ben Isaac (Germany, c. 950).

At the Stone of Losses

"Stone of Losses": *éven hato'ím*. This mysterious stone, connected with the return of lost property during the Second Temple period, is mentioned only twice, and briefly, in the Babylonian Talmud.

"By this stone in the heart of Jerusalem": *ir shalém*, literally, "city of peace or wholeness," is traditionally understood to be one of the names for Jerusalem.

II I SAY "LOVE"

I Say "Love"

1

"You untie the vows" carries forward the Kol Nidre prayer for the Eve of the Day of Atonement. The text of that prayer reads: "Let our personal vows, pledges and oaths, be considered neither vows nor pledges nor oaths." (Philip Birnbaum, trans., *High Holyday Prayer Book* [New York: Hebrew Publishing Company, 1951], p. 490.)

"All men lie": "All men are liars" (Ps. 116:11).

"To come close is to die" turns on a statement in Num. 17:28: "Everyone that comes close [to the tabernacle of the Lord] is to die."

2

"And let the night hear / a voice without echo." The Kabbalistic *Zohar* ("The Book of Splendor") has it that thirty days before death a man loses the echo of his voice and his reflection in the mirror.

3

"That has no day, and is not night": Zech. 14:7 reads: "And there shall be one day which shall be known as the Lord's, not day and not night."

"Because your eyes are in my eyes." A midrashic description of the sacrifice of Isaac holds that "the eyes of Abraham were in the eyes of Isaac and the eyes of Isaac were in the eyes of Abraham."

"Then I have no voice, no hand, / and no name." *Yad vashém*, literally "hand and name," means "memorial."

4

"Happy is the man who fears always" is a quotation from Prov. 28:14.

III FROM THIS DAY ON

In the Air

"The ministering angels / are forbidden to sing" evokes the following legend: "All the celestial beings praise God with the words, 'Holy, holy, holy, is the Lord of hosts,' but men take precedence of the angels herein. They may not begin their song of praise until the earthly beings have brought their homage to God." (Ginzberg, *Legends of the Jews,* 1:17.)

Parting Words

The poem is patterned on an early medieval liturgical form whose sections elaborate individual words or phrases of a biblical passage. In keeping with that pattern, the opening words (printed in capitals) of each section are consecutive and form a complete sentence.

She Sleeps

"Till sunrise": originally, this line read "till sunset." It was revised at the request of the author, who wrote, "I had been thinking about a beggar woman who sat outside a hospital in Jerusalem. The hospital had a morgue at one end and a maternity ward, as well as a synagogue (where circumcisions were performed) at the other. She would leave at dusk, which is why I wrote, 'till sunset.' But later I realized that this *is* a love poem, and 'sunrise' would make better sense."

Platform No. 8

3

"Like gauze over a breastplate": Aaron, the high priest, wore a breastplate (*hóshen*) set with twelve precious stones.

Experiment

The poem is grounded in the proverb, "If you forsake her for one day, she will forsake you for two." "Her" refers to "the Torah," which has the feminine gender in Hebrew.

IV DIARY ENTRY

Diary Entry

"The old acacia flowers again": *shitá,* meaning "acacia" and "system," is reminiscent of a line in the poem "In the City of Slaughter" by Ḥayyim Naḥman Bialik (1873–1934): "The acacia blossomed, the butcher slaughtered. . . ."

Independence Garden

"Independence Garden" is a park in the center of Jerusalem.

"That it peers from all the lattices": this alludes to the lover in Songs 2:9, "shewing himself through the lattice."

"His lips speak through mine": The Hebrew idiom is derived from a verse in Songs 7:10, "causing the lips of those that are asleep to speak." "Those that are asleep" was later taken to mean "the dead," or "those who sleep in the ground."

Miracles

"Fiery creatures are uttering." The stanza is built on three talmudic allusions. The first is *ḥashmál* ("electrum," "electricity"), which, in Ezek. 1, was interpreted as an acronym for "fiery creatures who utter"; *ḤAyot eSH meMALelot*. The second is "if dogs bark, the Angel of Death is in town." The third reads, "when a man divorces his childhood love, even the altar in the Temple sheds tears for him."

Military Funeral at High Noon

2

"The angel who made them forget." This refers to a midrashic legend that just as a child emerges from the womb an angel strikes it, causing it to forget all it has seen and learned.

"The blacks of her eyes": "For man owes his existence . . . to his father, and to his mother, in that he receives from each of his parents five of the parts of his body. . . . The bones, the veins, the nails, the brain, and the white of the eye come from the father. The mother gives him skin, flesh, blood, hair, and the pupil of the eye." (Ginzberg, *Legends of the Jews*, 3: 100.)

V AUTHOR'S APOLOGY

Author's Apology

THE GATE

The poem refers to a passage in the concluding service of the Day of Atonement, marking the closing of the Temple gates at dusk and, by extension, the closing of the heavenly gates. It reads: "Open the gates to us when the gates are being closed, for the day is about to set. The day shall set, the sun shall go down and set—let us enter Your gates!" (T. Carmi, ed., *The Penguin Book of Hebrew Verse* [New York: Penguin Books, 1981], p. 241.)

ANATOMY OF WAR

2

"For us be a mouth." This is a literal rendering of a biblical expression meaning, "be our spokesman" (Exod. 4:16).

"A breathing barrel": *kané*, "gunbarrel," means "reed" and "windpipe" as well.

"Pomegranate": *rimón*, the common fruit, can also mean, in modern Hebrew, "hand grenade."

3

"A man living in a parable / who does not know the moral." The end words, *mashál* and *nimshál*, can also be rendered "vehicle" and "tenor."

4

"This is the author's apology" ("apology: *hitnatslút*"). In Hebrew, the line also means: "That was the author laying himself bare." The latter meaning emerges from the use of *hitnatsálti*, "I stripped off . . . ," in the previous stanza, derived from Exod. 33:6: "And the children of Israel stripped themselves (*vayitnatslú*) of their ornaments." The second meaning also calls back the opening line of the poem, as well as the title of the sequence.

5

"Serpent, serpent, / go and tell the Supreme Serpent" is a quotation from the *Zohar*.

I BELIEVE

"I believe with perfect faith that . . ." is the opening formula of a Hebrew prayer based on Maimonides' "Thirteen Principles."

VI MY BELOVED IS MINE

Lemuel's Words

Lemuel is a teacher of proverbial wisdom presented in Prov. 31.

2

"'My son, death and life are in your hand, your tongue." The line is a play on Prov. 18:21: "Death and life are in the power (literally, in the hand) of the tongue."

Purah, the Lord of Oblivion, Pleads for His Life

An angel invoked in magical rites (at the close of the Sabbath), Purah is the angel of forgetfulness.

VII SKETCHES FOR A PORTRAIT

Sketches for a Portrait

In collaboration with the author the Hebrew text has been slightly abridged for this edition.

4

"That silence, too, / may be a scorpion." *Akráv* (scorpion) also means "whip."

7

"He lifted his eyes / and lowered his heart." These lines are a reversal of a talmudic saying: "He who prays should lower his eyes [in humility] and lift his heart toward Heaven."

VIII JUDGMENT

Judgment

The poem makes use of elements in a Hebrew legend in a tractate of the Babylonian Talmud, Megillah 10b. The passage reads: "While the Egyptians were drowning in the sea, the ministering angels wanted to chant hymns, but the Holy One, blessed be He, said: 'How can you sing while the deeds of My hands are drowning in the sea?'"

Blessed Is He Who Changeth Creatures

The title is drawn from a benediction that is recited "on seeing a person of abnormal appearance." The prayer reads: "Blessed art Thou, Lord our God, King of the universe, who dost vary [literally, change or transform] the aspect of Thy creatures." (Philip Birnbaum, trans., *Daily Prayer Book* [New York: Hebrew Publishing Company, 1949], p. 778.)

The author, T. CARMI, was born in New York City in 1925, to a Hebrew-speaking family, and settled in Israel in 1947, serving with the Israel Defense Forces for two years and then attending the Hebrew University. He has taught at Brandeis, Oxford, and Stanford, and was poet-in-residence at the Hebrew University of Jerusalem. He has lectured and given poetry readings at many universities and at the Poetry Center, 92nd Street YM-YWHA, New York. He took part in the International Poetry Festival in London, and in the Poetry International, Rotterdam. In Israel, he has been awarded the Shlonsky Prize for Poetry, the Brenner Prize for Literature and the Prime Minister's Award for Creative Writing. In the United States, he was the recipient of the 1982 Irving and Bertha Neuman Literary Award given by New York University's Institute of Hebrew Culture and Education. He has published ten volumes of poetry in Hebrew, and three collections have appeared in English translation: *The Brass Serpent* (1964), *Somebody Like You* (1971), and *T. Carmi and Dan Pagis: Selected Poems* (1976). He has translated many plays into Hebrew, including *A Midsummer Night's Dream, Measure for Measure,* and *Hamlet.* He has also won the 1982 Kenneth B. Smilen / *Present Tense* Literary Award for translation for *The Penguin Book of Hebrew Verse,* which he edited and translated. Since 1978 he has been a visiting professor of Hebrew Literature at the Hebrew Union College—Jewish Institute of Religion in Jerusalem.

GRACE SCHULMAN's book of poems, *Burn Down the Icons,* was published by Princeton University Press. Her poems, essays, and translations have appeared in many publications, including *The New Yorker, Hudson Review, American Poetry Review, Poetry, Antaeus,* and *The Georgia Review.* She has been poetry editor of *The Nation* since May 1972, and director of The Poetry Center, 92nd Street YM-YWHA since January 1974. A former vice-president of P.E.N., she is an associate professor at Baruch College, C.U.N.Y., and holds a Ph.D. from New York University. She has taught at Columbia University's School of the Arts and in the Writing Program of Princeton University. She is editor of *Ezra Pound: A Collection of Essays* (McGraw-Hill), and co-translator of *Songs of Afar and the Sweet Sea* by Antonio Cuadra (Columbia University Press).